# 새 연세한국어 어휘와 문법 6-1

연세대학교 한국어학당 편

연세대학교 출판문화원

# 머리말

연세대학교 한국어학당은 1959년에 설립된 한국 최초의 외국어로서의 한국어 교육 기관이다. 연세대학교 한국어학당은 그간의 역사와 명성에 걸맞게 다양한 한국어 교재 편찬 및 관련 연구를 해옴으로써 한국어 교육을 선도해 왔다. 지금까지 전 세계에서 온 약 150여 개국의 17만여 명에 이르는 한국어 학습자에게 한국어와 한국 문화를 가르쳐 왔으며, 최근에는 빠른 속도로 변화해 가는 교육 환경에 맞추어 오프라인 한국어 교육뿐만 아니라 온라인 한국어 교육 콘텐츠 개발에도 노력을 기울이고 있다. 이미 세계 각국의 한국어 학습자를 대상으로 글로벌 온라인 대중 공개 강좌(MOOC)를 개설하여 학습자들로부터 큰 호응을 얻었고 연세대학교 온라인 교육 혁신 플랫폼인 런어스(LearnUs)에도 최신 기술을 활용한 한국어 콘텐츠를 올려서 학습자들을 만나는 중이다.

연세대학교 한국어학당은 그간 일반 목적 한국어 학습자들뿐만 아니라 특수 목적 한국어 학습자들을 대상으로 정규과정, 단기과정, 대학 한국어 과정 등 다양한 교육과정을 개설 운영하면서 학습자의 요구에 부응하는 최상의 교재를 개발해 왔다. 이러한 교재들은 국내외의 한국어 교육 기관에서 교사와 학습자들의 다양한 요구를 충족시키며 양질의 한국어 교수·학습을 위해 널리 사용되고 있다.

연세대학교 한국어학당은 그간 가장 큰 호응을 받아 왔던 '연세한국어' 1급~6급의 뒤를 이을 새로운 교재로 '새 연세한국어' 시리즈를 기획 출간하게 되었다. 이 교재의 개발을 위해 한국어 교육 현장 경험이 풍부한 전문 한국어 교육학자 및 교사들이 대거 투입되었고 최상의 한국어 교수법 및 학습자 집단의 요구에 대한 이해를 바탕으로 개발 작업이 장기간에 걸쳐 수행되었다.

이번에 출간된 '새 연세한국어' 시리즈는 총 6단계로 각 단계마다 어휘와 문법 교재, 말하기와 쓰기 교재, 듣기와 읽기 교재로 구성되어 있다. '새 연세한국어 어휘와 문법'은 한국어 학습자들이 각 숙달도별로 가장 필수적으로 익혀야 하는 주요 어휘와 문법에 대한 이해와 활용을 중심으로 구성되었다. '새 연세한국어 말하기와 쓰기'는 원활한 한국어 의사소통을 위해 꼭 필요한 표현 기능을 수행할 수 있도록 말하기, 쓰기 과제를 중심으로 구성되었다. 또한 '새 연세한국어 듣기와 읽기'는 듣기, 읽기 과제를 중심으로 각 급별 숙달도에 적절한 이해 능력을 함양시킬 수 있도록 구성되었다. 이 세 권의 교재는 어휘·문법, 표현, 이해 능력의 고른 발달을 위해 패키지로 함께 사용될 수도 있고, 교육 현장 여건이나 학습자의 요구에 따라 별도로 사용될 수도 있다. 또한 어휘와 문법 교재의 경우 별도의 지침서가 무료로 제공되므로 교육 경험이 다소 부족한 국내외의 한국어 교사들에게 유용한 길잡이가 될 수 있을 것이다.

연세대학교 한국어학당은 앞으로도 전 세계의 한국어 학습자들의 요구와 기대에 부응하는 교재 개발을 위해 최선을 다할 것이다. 아울러 본 교재가 국내외에서 한국어 교육을 위해 노력을 아끼지 않는 많은 교사와 한국어 학습을 위해 노력하는 모든 학습자들에게 크게 도움이 되기를 바란다.

**연세대학교 언어연구교육원**

한국어학당 교재편찬위원회

# 일러두기

## 교재 전체 구성

- 총 20개의 과로 각 과는 두 개의 소단원으로 이루어짐.
- 과별로 복습 문제가 수록되어 있고 소단원별로 연습 문제가 수록됨.
  (복습 문제는 각 과에 수록되어 있고 연습 문제는 부록에 수록됨.)
- **대화:** 학습 목표 어휘와 문법이 사용된 예시문으로 일상 대화, 토론, 대담, 인터뷰, 뉴스, 강연 등 다양한 자료가 수록됨.
- **어휘:** 해당 과의 주제와 관련이 있거나 6급에서 학습해야 할 어휘와 표현을 확장하여 제시함.
- **문법:** 소단원마다 한 개의 문법 항목을 제시하여 한 과에 총 두 개의 문법 항목이 있음.
- **복습 문제:** 각 과 전체(두 개의 소단원)의 어휘와 문법을 확인하고 학습할 수 있도록 함.
- **연습 문제:** 소단원별로 배운 어휘와 문법을 연습할 수 있도록 부록으로 첨부함.
- **답안:** 모범 답안(교재)과 연습 문제 답안을 제시하여 혼자 연습하는 학습자의 경우에도 도움을 받을 수 있도록 함.
- **색인:** 어휘 색인과 문법 색인에는 각 과에서 다루어진 어휘와 문법을 가나다 순으로 정리하여 제시함.

## 세부 내용 구성

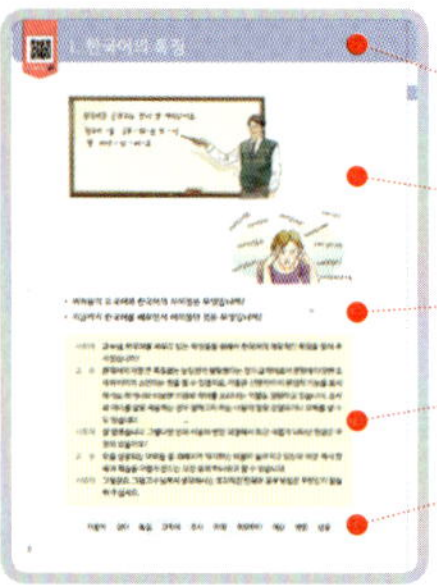

- **소단원 제목:** 주제를 잘 드러낼 수 있는 명사구로 제목을 제시함.
- **도입 삽화:** 소단원의 주제나 대화 내용과 관계가 있는 시각 자료를 제시함.
- **도입 질문:** 소단원의 주제나 대화 내용과 관계가 있는 질문을 제시함.
- **대화:** 대화, 강연 등 다양한 형식의 자료로 이루어짐.
- **대화 어휘:** 대화를 이해하기 위해서 알아야 할 어휘를 제시함.

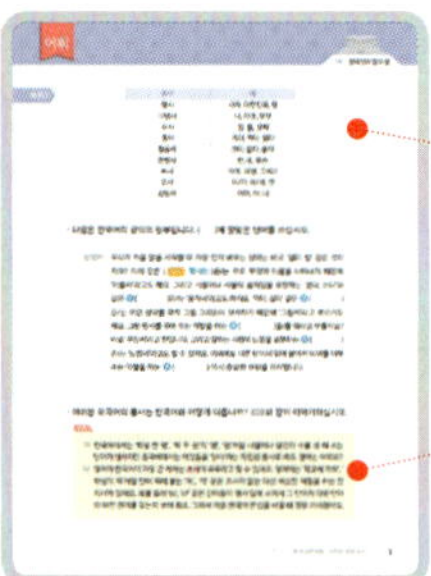

- **어휘 1:** 소단원의 주제와 관련이 있는 어휘와 표현을 제시함. 의미망을 중심으로 어휘와 표현을 제시하여 학습자들이 의미를 쉽게 유추하여 이해할 수 있도록 함.
- **연습:** 어휘의 의미를 맥락 안에서 확인하고 연습할 수 있도록 함.

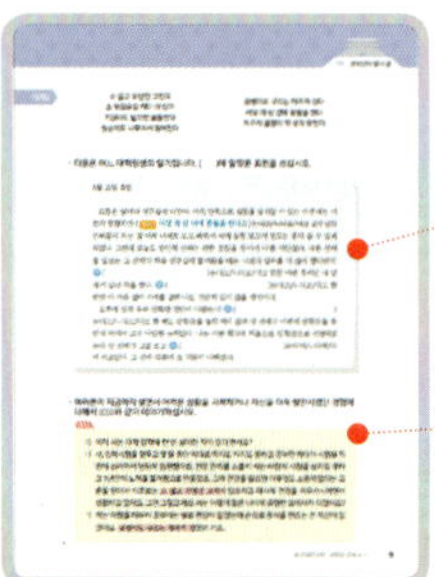

- **어휘 2:** 형태적으로 확장이 가능한 어휘장을 중심으로 어휘와 표현을 제시함. 속담, 관용어, 한자 성어 등은 의미적, 형태적으로 관계가 있는 표현들을 함께 제시함.
- **연습:** 어휘의 의미를 맥락 안에서 확인하고 연습할 수 있도록 함.

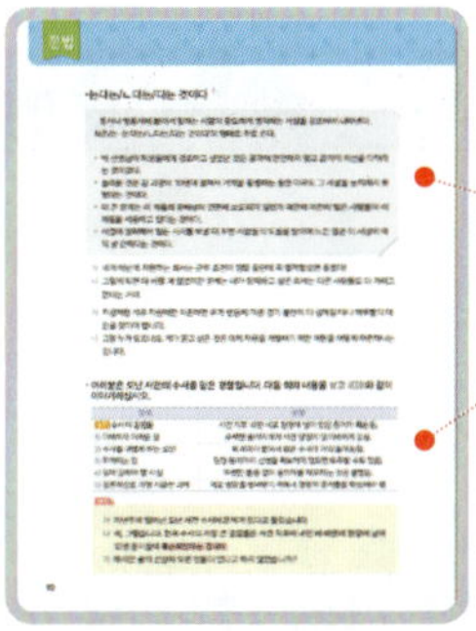

- **문법**: 소단원의 학습 목표 문법을 제시함.
- **연습**: 소단원의 주제에서 벗어나 목표 문법을 활용할 수 있는 다양한 상황을 제시하여 학습자들이 목표 문법의 쓰임을 익히도록 함.

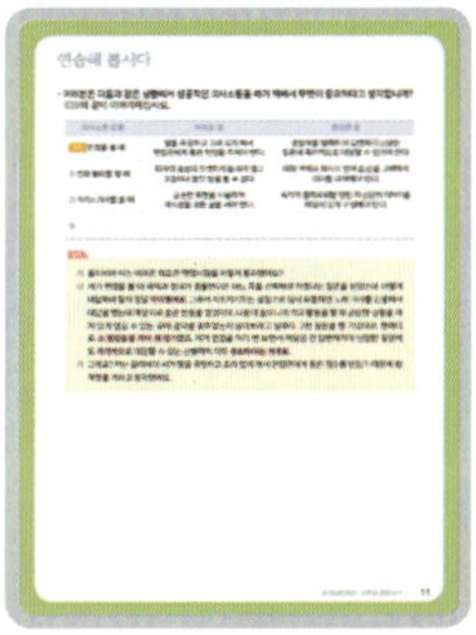

- **연습해 봅시다**

소단원의 주제와 관련된 상황에서 목표 문법과 어휘를 모두 활용해 볼 수 있도록 함.

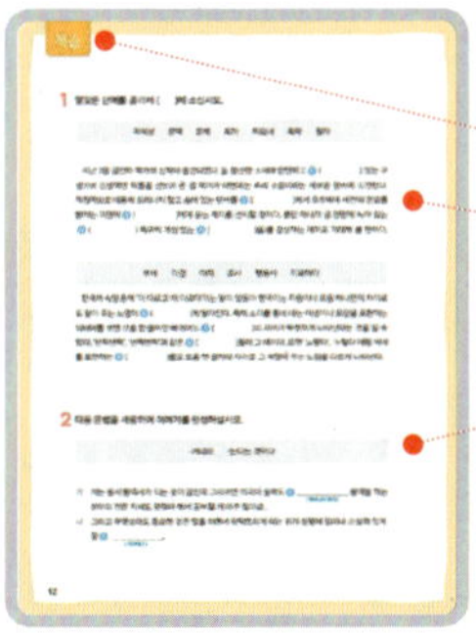

- **복습**: 각 과 전체의 어휘와 문법을 확인하고 학습할 수 있도록 함.
- **1번**: 각 과의 대화 어휘와 어휘1, 어휘2를 모두 아우르는 문제로 산문체의 맥락에서 목표 어휘의 의미를 확인하고 복습할 수 있도록 함.
- **2번**: 각 과에서 제시된 두 개의 문법을 모두 아우르는 문제로 대화 형식의 맥락에서 목표 문법을 사용하여 연습하도록 함.

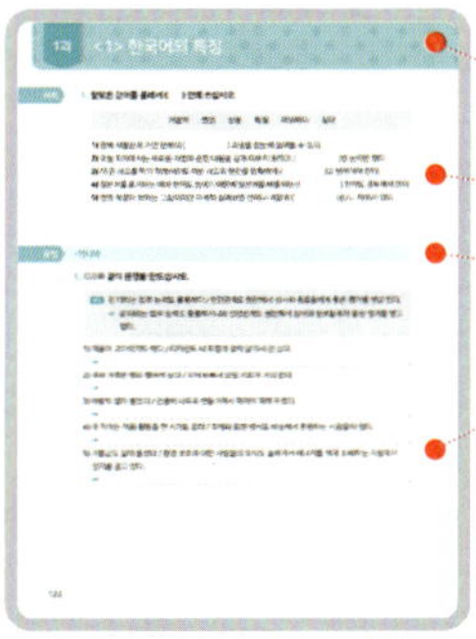

- **연습 문제**: 소단원별로 학습한 어휘와 문법을 연습할 수 있도록 함.
- **어휘**: 각 소단원의 대화 어휘와 어휘1, 어휘2에서 제시된 어휘를 연습함.
- **문법**: 각 소단원의 목표 문법을 연습함.
- **1번**: 두 문장을 연결하여 한 문장으로 쓰기, 문장 바꾸기 등의 단순한 연습으로 이루어짐.
- **2번**: 대화 형식의 맥락 안에서 목표 문법을 사용하는 연습으로 이루어짐.

# 단원 구성

| 과 | 소단원 | 문법 | 대화 어휘 | 확장 어휘 |
|---|---|---|---|---|
| 1과 한국인의 말과 글 | 1. 한국어의 특징 | -거니와 | 개괄적 ,교착어, 변천, 어감, 어미, 조사, 특질, 상용되다, 짙다, 미묘하다 | 감탄사, 관형사, 대명사, 동사, 명사, 부사, 수사, 어법, 어순, 어조, 어원, 조사, 품사, 형용사 |
| | 2. 말과 글 | -는다는 것이다 | 구두, 논술, 문어체, 문체, 입말, 짜임새, 필자, 막막하다, 무턱대고, 서당 개 삼 년에 풍월을 한다 | 강세, 글말, 문맥, 문어, 부호, 즉각적, 청자, 화자, 개구리 올챙이 적 생각 못한다, 굼벵이도 구르는 재주가 있다, 소 뒷걸음질 치다 쥐 잡기, 소 잃고 외양간 고친다, 원숭이도 나무에서 떨어진다, 지렁이도 밟으면 꿈틀한다 |
| 2과 언론과 표현의 자유 | 1. 언론의 영향력 | -는 바 | 선정성, 야당, 자본주의, 난무하다, 시사하다, 왜곡하다, 재임하다, 폄훼하다 | 개입, 공정성, 논평, 선전 선동, 오보, 유발, 중립성, 진정성, 편파 보도, 편향성 |
| | 2. 대중 매체와 표현의 자유 | -은 나머지 | 가처분, 공방, 검열, 선례, 임원, 기각되다, 휩싸이다, 자칫 | 모욕, 비방, 실명제, 차단, 탄압, 휘갈기다, 휘늘어지다, 휘몰아치다 |
| 3과 개인과 사회 | 1. 법과 질서 | 는커녕 | 납세, 탈세, 혐의, 각성하다, 준수하다, 축적하다, 환원하다, 연이어 | 공공복리, 국방, 재산권, 적합, 참정권, 토대, 부여받다, 정착되다, 지향하다 |
| | 2. 시민의 역할 | 조차 | 진압, 대피하다, 동참하다, 번지다, 에워싸다, 미처, 삽시간에, 발 벗고 나서다, 손을 쓰다 | 관용 정신, 근검절약 정신, 덕목, 대화·타협 의식, 직업 윤리 의식, 손에 땀을 쥐다, 손을 내밀다, 손을 놓다, 손을 보다, 손을 빌리다 |
| 4과 사회제도와 정책 | 1. 한국의 군 복무 제도 | -으려는지 | 갑론을박, 공론화, 공백, 모병제, 병역, 안보, 정예화, 정비하다, 잠잠하다 | 격론, 군 복무, 난장판, 대체 복무, 병역 기피, 병역 면제, 싸움판, 입씨름, 징병제, 현역 입영, 벌이다 |
| | 2. 복지와 개인의 삶 | -지 | 국민 청원, 겨냥하다, 기여하다, 누리다, 보유하다, 토로하다, 힘겹다, 속속 | 고용 보험, 공공 부조, 국민연금, 빈곤층, 생계비, 감격에 겹다, 눈물겹다, 역겹다, 정겹다, 호강에 겹다 |

| 과 | 소단원 | 문법 | 대화 어휘 | 확장 어휘 |
|---|---|---|---|---|
| 5과 성공과 진로 | 1. 성공의 의미 | 이란 | 마음가짐, 명성, 시련, 재기, 출세, 칠전팔기, 추구하다 | 고진감래, 대기만성, 도약, 새옹지마, 전환점, 주경야독, 형설지공, 좇다, 평탄하다 |
| | 2. 진로와 꿈 | -는 한이 있더라도 | 동향, 실무, 열의, 직군, 직무, 수행하다, 진취적이다 | 공모전, 어학연수, 역량, 열망, 열변, 열성, 인턴십 |
| 6과 기업과 사회 | 1. 기업 활동 | 에 비추어 볼 때 | 기호, 주력, 판촉, 한정판, 합작, 고수하다, 끌어올리다, 선발하다, 차별화되다, 출시하다 | 고도화, 고착화, 구축, 다원화, 무인화, 설정, 세분화, 수립, 시제품, 유통망, 전략, 책정 |
| | 2. 기업의 사회 공헌 | -어 나가다 | 공정 무역, 공헌, 구호, 위상, 이윤, 일각, 일환, 취지, 비롯되다, 제고하다 | 건립, 결식아동, 구명, 구제, 구휼, 물자, 전수, 정비, 취약 |
| 7과 경제와 사회 | 1. 투자와 창업 | -는다는 점에서 | 고용, 대폭, 취득하다, 폐지되다, 활성화하다, 수월하다, 길이 열리다, 문턱이 낮다 | 경진 대회, 사업 타당성, 수지, 전략 수립, 조달, 통찰력, 참신하다, 획기적이다, 갈 길이 멀다, 문턱에서 주저앉다, 문턱을 넘다, 문턱이 닳도록 드나들다, 문턱이 높다 |
| | 2. 국내외 경제 전망 | -는 가운데 | 국면, 여파, 재도약, 체감, 침체, 둔화되다, 위축되다, 접어들다, 주춤하다 | 공급 과잉, 무역 분쟁, 시장 경쟁 심화, 재교육, 재수강, 재입학, 재조명, 재해석, 중장기 투자, 혁신 |
| 8과 정치와 사회 | 1. 선거와 투표 | -어 봤자 | 개표, 공약, 기권, 성향, 유세, 진보, 검증하다, 지지하다 | 급진파, 보수적, 온건파, 좌파, 중도적, 발길을 끊다, 발 등에 불이 떨어지다, |
| | 2. 한국의 정치 제도 | 에 달려 있다 | 국정, 대통령제, 여당, 역대, 임기, 정당, 선출되다, 출마하다, 출범하다 | 국무총리, 국회의원, 도지사, 부임, 사임, 시장, 위임, 일임, 입법부, 차관, 취임, 행정부 |

# 단원 구성

| 과 | 소단원 | 문법 | 대화 어휘 | 확장 어휘 |
|---|---|---|---|---|
| 9과 교육과 사회 | 1. 대학 교육 | -기에 앞서서 | 고사장, 단면, 범국민적, 사관학교, 수시, 수험생, 학술, 기꺼이 | 등용문, 배양, 양성, 전당, 지성, 탐구, 기어이, 끔찍이, 속속들이, 어렴풋이, 줄줄이 |
| | 2. 평생 교육의 시대 | -으나마 | 바우처, 방침, 평생 교육 센터, 학점 은행제, 한도, 날개를 달다 | 강습회, 교양, 산업체, 시청각, 꼬리에 꼬리를 물다, 날개 돋친 듯이 팔리다, 내 코가 석 자다, 눈 밖에 나다, 코가 납작해지다 |
| 10과 역사와 유래 | 1. 지명과 유래 | -은 채 | 궁궐, 도읍지, 연합군, 전설, 터, 뒤집어쓰다, 멸망하다, 얽히다 | 명명, 사료, 설화, 연립, 연맹, 연방, 연상, 연정, 입증, 평야, 허구 |
| | 2. 유교의 나라 조선 | -건만 | 병자호란, 사상, 성리학, 양반, 임진왜란, 천민, 일컫다, 통치하다 | 영세민, 이재민, 이주민, 토착민, 개편하다, 계승하다, 즉위하다, 편찬하다, 폐지하다 |

# 차례

# 등장인물 | Main characters

**에릭 파커**
- 미국
- 어학당 학생
- 한국전자 직원

**존 카마우**
- 케냐
- 어학당 학생
- 교환학생

**사토 유키**
- 일본
- 어학당 학생
- 기자

**리타오**
- 중국
- 어학당 학생
- 대학 입학 예정자

**노라 한슨**
- 노르웨이
- 어학당 학생
- 대학원 입학 예정자

**최주앙**
- 브라질
- 어학당 학생
- 대학 휴학생

**응웬 흐엉**
- 베트남
- 어학당 학생

**레오 마르탱**
- 프랑스
- 어학당 학생
- 요리사

**올리비아 스미스**
- 호주
- 어학당 학생
- 외교관

**이윤아**
- 한국
- 대학생

**정하늘**
- 한국
- 대학생

**김우진**
- 한국
- 한국전자 직원

1과

# 한국인의 말과 글

## 01 한국어의 특징

대화 어휘 개괄적 ,교착어, 변천, 어감, 어미, 조사, 특질, 상용되다, 짙다, 미묘하다

확장 어휘 감탄사, 관형사, 대명사, 동사, 명사, 부사, 수사, 어법, 어순, 어조, 어원, 조사, 품사, 형용사

문법 -거니와

## 02 말과 글

대화 어휘 구두, 논술, 문어체, 문체, 입말, 짜임새, 필자, 막막하다, 무턱대고, 서당 개 삼 년에 풍월을 한다

확장 어휘 강세, 글말, 문맥, 문어, 부호, 즉각적, 청자, 화자, 개구리 올챙이 적 생각 못한다, 굼벵이도 구르는 재주가 있다, 소 뒷걸음질 치다 쥐 잡기, 소 잃고 외양간 고친다, 원숭이도 나무에서 떨어진다, 지렁이도 밟으면 꿈틀한다

문법 -는다는 것이다

MP3 / 01

# 1. 한국어의 특징

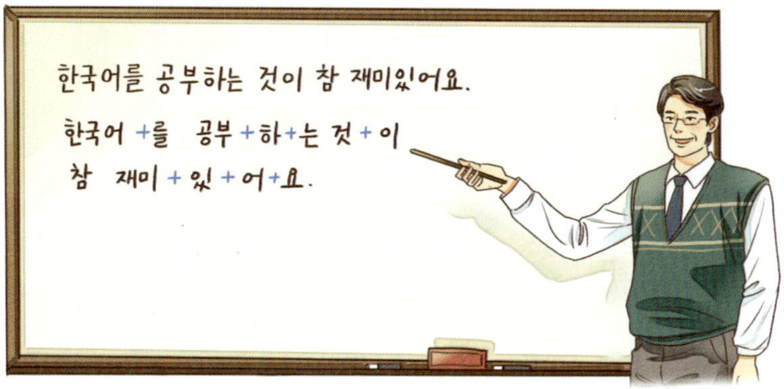

- 여러분의 모국어와 한국어의 차이점은 무엇입니까?
- 지금까지 한국어를 배우면서 어려웠던 점은 무엇입니까?

**사회자** 교수님, 한국어를 배우고 있는 학생들을 위해서 한국어의 개괄적인 특징을 짚어 주시겠습니까?

**교　수** 한국어의 가장 큰 특질로는 높임법이 발달했다는 것과 교착어로서 문장에 다양한 조사와 어미가 쓰인다는 점을 들 수 있겠지요. 이들은 선행 단어의 문법적 기능을 표시하기도 하거니와 미묘한 어감의 차이를 드러내는 역할도 담당하고 있습니다. 조사와 어미를 잘못 사용하는 경우 말하고자 하는 내용이 잘못 전달되거나 오해를 살 수도 있습니다.

**사회자** 잘 알겠습니다. 그렇다면 언어 사용의 변천 과정에서 최근 새롭게 나타난 현상은 무엇이 있을까요?

**교　수** 요즘 상용되는 어휘들 중 외래어가 차지하는 비율이 높아지고 있는데 이것 역시 한국어 학습을 어렵게 만드는 요인 중의 하나라고 할 수 있습니다.

**사회자** 그렇군요. 그럼 교수님께서 생각하시는 효과적인 한국어 공부 방법은 무엇인지 말씀해 주십시오.

개괄적　짚다　특질　교착어　조사　어미　미묘하다　어감　변천　상용되다

어휘 1

| 품사 | 예 |
| --- | --- |
| 명사 | 사과, 대한민국, 명 |
| 대명사 | 나, 이것, 무엇 |
| 수사 | 일, 둘, 셋째 |
| 동사 | 가다, 먹다, 읽다 |
| 형용사 | 크다, 짧다, 좋다 |
| 관형사 | 한, 새, 무슨 |
| 부사 | 아주, 과연, 그리고 |
| 조사 | 이/가, 와/과, 만 |
| 감탄사 | 어머, 야, 네 |

• 다음은 한국어학 강의의 일부입니다. (　　)에 알맞은 단어를 쓰십시오.

**강연자** 우리가 처음 말을 시작할 때 가장 먼저 배우는 단어는 바로 '엄마, 밥' 같은 것이지요? 이와 같은 ( 보기 명사는 )~~은/는~~ 주로 무엇의 이름을 나타내기 때문에 '이름씨'라고도 해요. 그리고 사람이나 사물의 움직임을 표현하는 '걷다, 쓰다'와 같은 ① (　　　　)은/는 '움직씨'라고도 하지요. '작다, 길다' 같은 ② (　　　　) 은/는 어떤 상태를 마치 그림 그리듯이 묘사하기 때문에 '그림씨'라고 부르기도 해요. 그럼 명사를 꾸며 주는 역할을 하는 ③ (　　　　)을/를 뭐라고 부를까요? 바로 '꾸밈씨'라고 한답니다. 그리고 말하는 사람의 느낌을 표현하는 ④ (　　　　) 은/는 '느낌씨'라고도 할 수 있어요. 이외에도 다른 단어의 뒤에 붙어서 의미를 더해 주는 역할을 하는 ⑤ (　　　　) 역시 중요한 부분을 차지합니다.

• 여러분 모국어의 품사는 한국어와 어떻게 다릅니까? 보기 와 같이 이야기하십시오.

보기

**가** 한국어에서는 '학생 한 명', '책 두 권'의 '명', '권'처럼 사람이나 물건의 수를 셀 때 쓰는 단어가 명사지만 중국어에서는 이것들을 '양사'라는 독립된 품사로 봐요. 영어는 어때요?

**나** 영어와 한국어의 가장 큰 차이는 조사의 유무라고 할 수 있어요. 영어에는 '학교에 가요', '학생의 책'처럼 단어 뒤에 붙는 '에', '의' 같은 조사가 없는 대신 비슷한 역할을 하는 전치사가 있어요. 예를 들어 'to', 'of' 같은 단어들이 명사 앞에 쓰여서 그 단어가 다른 단어와 어떤 관계를 갖는지 보여 줘요. 그래서 처음 한국어 문법을 배울 때 정말 어려웠어요.

어휘2

| 어원 | 어미 | 어법 | 어순 | 어감 | 어조 |
|---|---|---|---|---|---|

- 무엇에 대하여 이야기하고 있습니까? (　　)에 알맞은 단어를 쓰십시오.

한국어를 잘하려면 동사와 형용사에 붙어서 높임법이나 말하는 사람의 의도를 나타내는 ( 보기 어미를 )을/를 자유롭게 활용할 수 있어야 해요. 한국어와 일본어를 둘 다 할 수 있으면 그만큼 경쟁력이 있으니까요.

'김치'의 1(　　　　)에 대해서는 채소를 소금에 담근다는 뜻의 '침채'라는 설과 김치를 뜻하는 한자어 '함채'라는 설이 엇갈립니다.

누군가가 부끄러워할 때에는 '얼굴이 빨개졌다'고 하고 술에 잔뜩 취했을 때에는 '얼굴이 벌게졌다'고 하는데 이건 두 단어가 주는 2(　　　　)에 차이가 있기 때문이에요.

한국어에는 문장 성분을 나타내는 조사가 있어서 문장의 3(　　　　)이/가 비교적 자유로워요.

'여러분, 조용하세요'와 같은 말은 일상에서 자주 쓰이지만 4(　　　　)상 틀린 표현입니다.

환경 단체에서는 정부의 개발 제한 구역 해제 발표에 '절대 반대'라며 강한 5(　　　　)으로/로 반대 입장을 밝혔습니다.

- 여러분의 모국어에서는 어감이나 어조의 차이를 어떻게 표현합니까? 보기 와 같이 이야기하십시오.

보기

**가** 한국어에서는 '커다랗다', '높다랗다'처럼 '-다랗다'라는 말을 붙여서 앞말의 의미가 더욱 강조된 새로운 단어를 만들 수 있어요. 이런 표현이 참 재미있어요.

**나** 스페인어에도 비슷한 게 있어요. 스페인어에서는 단어 뒤에 '-ito', '-ita'를 붙여서 작고 귀여운 느낌이나 친근한 어감을 표현해요. 예를 들어 개라는 뜻을 가진 'perro'에 '-ito'를 붙여서 'perrito'라고 하면 강아지라는 의미가 되고, 소녀를 뜻하는 단어 'chica'에 '-ita'를 붙인 'chiquita'는 꼬마 여자아이라는 의미로 쓰이지요.

**가** 뜻을 모르고 소리만 들어도 사랑스러운 어감이 느껴지는 것 같아요.

**나** 하지만 상황에 따라서는 남을 낮추어 업신여기는 어조를 드러내기도 해요.

## -거니와

동사나 형용사에 붙어서 앞의 사실에 대해서 그렇다고 인정하면서 덧붙여 뒤의 사실이 어떠하다고 말할 때 쓴다.

- 내 동생은 언어를 빨리 배우기도 하거니와 한번 배운 것은 잊어버리지 않는다.
- 가수 김형진은 노래 실력도 뛰어나거니와 무대 매너도 좋아서 인기를 얻고 있다.
- 어제 서울에 비도 안 왔거니와 공기도 깨끗해서 한강에 놀러 나온 사람들이 많았다.
- 이 구두는 작기도 작거니와 굽도 높아서 신기가 불편하다.

가 너도 요즘 주가가 오르고 있는 회사에 투자를 해 보지 그래?
나 나는 주식 투자에 관심도 없거니와 투자할 돈도 없어.

가 늘 야근을 하시더니 오늘은 일을 일찍 끝내셨나 봐요.
나 네, 오늘 할 일을 다 끝내기도 했거니와 약속도 있어서 일찍 가 보려고 합니다.

- 자신이 이용했던 숙박 시설을 친구에게 추천하려고 합니다. 보기 와 같이 이야기하십시오.

| 조건 | 장점 1 | 장점 2 |
|---|---|---|
| 보기 위치 | 기차역에서 버스로 한 번에 갈 수 있다. | 유명 관광지가 가깝다. |
| 1) 주변 환경 | 근처에 편의점과 맛집이 많다. | 치안이 좋다. |
| 2) 부대시설 | 전망이 좋은 레스토랑이 있다. | 넓은 수영장이 있다. |
| 3) 직원 | 외국어를 잘한다. | 일 처리가 빠르다. |
| 4) 서비스 | 와이파이 연결이 잘된다. | 조식을 무료로 제공한다. |
| 5) 이용자 평가 | 평점이 높다. | 재방문 횟수가 많다. |

보기

가 너 다음 주에 부산으로 여행 간다면서? 내가 전에 부산에 갔을 때 묵었던 곳이 참 좋았는데 소개해 줄까?
나 그래? 나는 숙소를 정할 때 위치를 중요하게 생각하는데 그 집은 위치가 어때?
가 기차역에서 버스로 한 번에 갈 수도 **있거니와** 유명 관광지도 가까워.
나 그럼 주변 환경은 어때?

# 연습해 봅시다

• 한국어를 배우면서 어려웠던 점이 무엇이었습니까? 보기 와 같이 이야기하십시오.

| 언어 요소 | 어려운 점 1 | 어려운 점 2 |
| --- | --- | --- |
| 보기 조사 | 조사의 의미와 기능이 다양하다. | 생략이 가능할 때와 그렇지 않을 때가 있다. |
| 1) 어미 | 앞에 오는 단어가 동사냐 형용사냐에 따라 다른 어미를 결합시켜야 한다. | 앞에 오는 단어가 자음으로 끝나는지 모음으로 끝나는지에 따라서 사용되는 형태가 달라진다. |
| 2) 높임법 | 대화 상대에 따라 적절한 높임 표현을 선택해야 한다. | 같은 상대라도 상황에 따라 다른 높임법을 사용한다. |
| 3) | | |

보기

**가** 한국에 와서 처음 한국어를 배울 때 어땠는지 생각나?

**나** 나는 고향에서 할머니와 대화하면서 한국어를 좀 익히고 한국에 왔기 때문에 처음부터 의사소통에는 별 어려움이 없었지만 **어법**에 맞지 않는 표현을 너무 많이 쓰는 게 문제였어.

**가** 그렇구나. 나는 **조사**를 배울 때 제일 힘들었어. 조사는 의미와 기능도 **다양하거니와** 생략해도 되는 때와 그렇지 않은 때가 있어.

**나** 맞아. 또 다른 어려운 점은 없었어?

MP3 / 02

# 2. 말과 글

- 한국어는 말할 때와 글을 쓸 때 차이가 있습니까?
- 여러분 모국어의 입말과 글말에는 어떤 공통점과 차이점이 있습니까?

**존** 졸업 논문의 주제는 정했는데 한국어로 긴 글을 써 보는 게 처음이라서 어디에서부터 어떻게 시작해야 할지 너무 막막해. 발표를 할 때는 구두로 설명할 내용을 미리 정리하고 시각 자료를 찾아보는 과정에서 구체적인 방향을 잡을 수 있었는데 말이야.

**윤아** 무턱대고 글부터 쓰려고 하지 말고 먼저 논문의 목차와 개요를 구성해 봐. 통계 자료나 시각 자료를 활용하면 읽는 사람이 내용을 이해하는 데 도움이 되니까 적절한 자료를 첨부해.

**존** 그런데 논문 같은 글은 입말하고 문체도 다르잖아. 나는 외국인이라서 그런 걸 구별해서 쓰는 것도 힘들어.

**윤아** 중요한 건 네가 전달하고자 하는 내용을 짜임새 있고 격식에 맞게 글에 담아야 한다는 거야. 그러려면 필자의 주관적인 감정을 나타내는 부사 사용을 자제하고 문어체에 어울리지 않는 축약형도 많이 사용하지 말아야 해.

**존** 와, 너 논술 학원에서 아르바이트를 하더니 글쓰기 선생님이 다 됐네!

**윤아** 서당 개 삼 년에 풍월을 한다잖아. 1년 넘게 아르바이트를 했는데 이 정도는 기본이지.

논문 막막하다 구두 무턱대고 목차 입말 문체 짜임새 필자 문어체 논술 서당 개 삼 년에 풍월을 한다

어휘 1

| 특징 | 입말/구어 | 글말/문어 |
| --- | --- | --- |
| 의사소통 참여자 | 화자, 청자 | 필자, 독자 |
| 전달 매체 | 음성<br>(발음) | 문자<br>(맞춤법) |
| 언어 형식 | 축약, 생략, 반복, 강조 | 형식성, 격식성 |
| 전달 과정 | 즉각적<br>상황 의존적 | 계획적<br>문맥 의존적 |
| 부가 정보 | 강세, 표정, 몸짓 | 문장 부호 |

• 다음은 발표를 할 때와 논문을 쓸 때 주의해야 할 사항을 정리한 내용입니다. (　　)에 알맞은 표현을 쓰십시오.

**이것만은 꼭 확인하세요!**

1. 발표를 할 때

• 발표를 듣고 있는 ( 보기 청자와 )~~와/과~~ 눈을 맞추며 이야기하고 있는가?
• 자연스러운 표정과 ① (　　　　) 등을 활용하여 효과적으로 의사소통을 하고 있는가?
• 중요한 부분을 여러 번 ② (　　　　)하거나 중요하지 않은 부분을 생략하면서 청자가 내용을 쉽게 이해할 수 있도록 말하고 있는가?

2. 논문을 쓸 때

• 논문의 내용에 ③ (　　　　)이/가 글을 쓰는 의도가 분명하게 드러나는가?
• 서론, 본론, 결론이 잘 나뉘어 있고 글의 구조가 ④ (　　　　)을/를 갖추었는가?
• 인용이나 문장의 종결을 표시하는 따옴표, 마침표 등의 ⑤ (　　　　)을/를 적절히 사용하였는가?

• 여러분이 에스엔에스(SNS)에 올리는 메시지는 글말과 입말 중 무엇에 해당된다고 생각합니까? 보기 와 같이 이야기하십시오.

보기

가 친구들과 에스엔에스(SNS)로 대화하다 보면 내가 말을 하고 있는 건지 글을 쓰고 있는 건지 헷갈려.

나 에스엔에스(SNS)상에서는 의사소통이 실시간으로 이루어지니까 **입말**의 성격을 띤다고 할 수 있지 않을까?

가 음…. 에스엔에스(SNS)로 대화할 때는 **문자**라는 매체를 통해 의사가 전달되니까 **글말**이라고 볼 수도 있잖아.

나 하지만 문법 규칙도 안 지키고 **발음** 나는 대로 글자를 적어서 **맞춤법**에 맞지 않는 경우가 많은걸.

어휘2

| 소 잃고 외양간 고친다<br>소 뒷걸음질 치다 쥐 잡기<br>지렁이도 밟으면 꿈틀한다<br>원숭이도 나무에서 떨어진다 | 굼벵이도 구르는 재주가 있다<br>서당 개 삼 년에 풍월을 한다<br>개구리 올챙이 적 생각 못한다 |
|---|---|

• 다음은 어느 대학원생의 일기입니다. (　　)에 알맞은 표현을 쓰십시오.

6월 21일 흐림

요즘은 날마다 연구실에 나간다. 아직 단독으로 실험을 설계할 수 있는 수준에는 이르지 못했지만 ( 보기 서당 개 삼 년에 풍월을 한다고 )~~는다고/ㄴ다고/다고~~ 교수님과 선배들이 하는 걸 어깨 너머로 보고 배워서 이제 실험 보고서 정도는 혼자 쓸 수 있게 되었다. 그런데 오늘도 장민혁 선배는 괜한 트집을 잡아서 나를 야단쳤다. 다른 선배들 말로는 그 선배가 처음 연구실에 들어왔을 때는 나보다 실수를 더 많이 했다던데 ① (　　　　　　　　)는다고/ㄴ다고/다고 한참 어린 후배인 내 앞에서 잘난 척을 한다. ② (　　　　　　　　)는다고/ㄴ다고/다고 한 번만 더 이유 없이 시비를 걸면 나도 가만히 있지 않을 생각이다.

오후에 성적 우수 장학생 명단이 나왔는데 ③ (　　　　　　　　)는다고/ㄴ다고/다고 한 번도 장학금을 놓친 적이 없던 장 선배가 이번에 장학금을 못 받게 되어서 크게 낙담한 눈치였다. 나는 이번 학기에 처음으로 장학생으로 선정되었는데 장 선배가 그걸 보고 ④ (　　　　　　　　)는다며/ㄴ다며/다며 비꼬았다. 그 선배 때문에 또 기분이 나빠졌다.

• 여러분이 지금까지 살면서 어려운 상황을 극복하거나 자신을 더욱 발전시켰던 경험에 대해서 보기 와 같이 이야기하십시오.

보기

가 에릭 씨는 대학 입학에 한 번 실패한 적이 있다면서요?

나 네, 입학시험을 앞두고 몇 달 동안 제대로 먹지도 자지도 못하고 공부만 하다가 시험일 직전에 쓰러져서 병원에 입원했어요. 건강 관리를 소홀히 하는 바람에 시험을 보지도 못하고 1년간의 노력을 물거품으로 만들었죠. 그때 건강을 잃으면 아무것도 소용이 없다는 교훈을 얻어서 이후로는 **소 잃고 외양간 고치지** 않으려고 매사에 건강을 최우선시하면서 생활하고 있어요. 그건 그렇고 레오 씨는 어떻게 젊은 나이에 유명한 요리사가 되었어요?

가 저는 어렸을 때부터 공부에는 별로 관심이 없었는데 손으로 음식을 만드는 건 자신이 있었어요. **굼벵이도 구르는 재주가 있었던** 거죠.

## -는다는/ㄴ다는/다는 것이다

동사나 형용사에 붙어서 말하는 사람이 중요하게 생각하는 사실을 강조하여 나타낸다. 'N은/는 -는다는/ㄴ다는/다는 것이다'의 형태로 주로 쓴다.

- 박 선생님이 학생들에게 강조하고 싶었던 것은 결과에 연연하지 말고 끝까지 최선을 다하라는 것이었다.
- 놀라운 것은 김 과장이 10년에 걸쳐서 거액을 횡령하는 동안 아무도 그 사실을 눈치채지 못했다는 것이다.
- 더 큰 문제는 이 제품의 유해성이 언론에 보도되지 않았기 때문에 여전히 많은 사람들이 이 제품을 사용하고 있다는 것이다.
- 사업에 실패해서 힘든 시기를 보낼 때 주변 사람들의 도움을 받으며 느낀 점은 이 세상이 아직 살 만하다는 것이다.

가 네가 이번에 지원하는 회사는 근무 조건이 정말 좋던데 꼭 합격했으면 좋겠다!
나 그렇게 되면 더 바랄 게 없겠지만 문제는 내가 취직하고 싶은 회사는 다른 사람들도 다 가려고 한다는 거야.

가 지금처럼 석유 자원에만 의존하면 유가 변동에 따른 경기 불안이 더 심해질 테니 하루빨리 대안을 찾아야 합니다.
나 그걸 누가 모르나요. 제가 묻고 싶은 것은 대체 자원을 개발하기 위한 재원을 어떻게 마련하냐는 겁니다.

- 여러분은 도난 사건의 수사를 맡은 경찰입니다. 다음 회의 내용을 보고 보기와 같이 이야기하십시오.

| 항목 | 상황 |
|---|---|
| 보기 수사의 걸림돌 | 사건 직후 내린 비로 현장에 남아 있던 증거가 훼손됨. |
| 1) 이해하기 어려운 점 | 유력한 용의자에게 사건 당일의 알리바이가 있음. |
| 2) 수사를 어렵게 하는 요인 | 목격자가 없어서 탐문 수사가 거의 불가능함. |
| 3) 우려되는 점 | 당장 용의자의 신병을 확보하지 않으면 도주할 수도 있음. |
| 4) 잊지 말아야 할 사실 | 뚜렷한 물증 없이 용의자를 체포하는 것은 불법임. |
| 5) 결론적으로 가장 시급한 과제 | 체포 영장을 발부받기 위해서 결정적 증거물을 확보해야 함. |

보기

가 지난주에 일어난 도난 사건 수사에 문제가 있다고 들었습니다.
나 네, 그렇습니다. 현재 수사의 가장 큰 걸림돌은 사건 직후에 내린 비 때문에 현장에 남아 있던 증거들이 **훼손되었다는 겁니다**.
가 하지만 용의 선상에 오른 인물이 있다고 하지 않았습니까?

# 연습해 봅시다

• 여러분은 다음과 같은 상황에서 성공적인 의사소통을 하기 위해서 무엇이 중요하다고 생각합니까? 보기 와 같이 이야기하십시오.

| 의사소통 상황 | 어려운 점 | 중요한 점 |
|---|---|---|
| 보기 면접을 볼 때 | 말을 유창하고 조리 있게 해서 면접관에게 좋은 인상을 주어야 한다. | 순발력을 발휘하여 답변하기 난감한 질문에 즉각적으로 대답할 수 있어야 한다. |
| 1) 전화 통화를 할 때 | 화자의 음성이 또렷하게 들리지 않고 표정이나 몸짓 등을 볼 수 없다. | 대화 맥락과 화자의 언어 습관을 고려해서 의미를 파악해야 한다. |
| 2) 자기소개서를 쓸 때 | 공손한 표현을 사용하여 격식성을 갖춘 글을 써야 한다. | 독자가 흥미로워할 만한 자신만의 이야기를 짜임새 있게 구성해야 한다. |
| 3) | | |

보기

가 올리비아 씨는 어려운 외교관 면접시험을 어떻게 통과했어요?

나 제가 면접을 볼 때 국익과 정의가 충돌한다면 어느 쪽을 선택해야 하겠냐는 질문을 받았는데 어떻게 대답해야 할지 정말 **막막했어요**. 그래서 자포자기하는 심정으로 당시 유행하던 노래 가사를 인용해서 대답을 했는데 예상외로 좋은 반응을 얻었어요. 나중에 들으니까 외교 활동을 할 때 곤란한 상황을 재치 있게 넘길 수 있는 유머 감각을 갖추었는지 알아보려고 일부러 그런 질문을 한 거였대요. 한마디로 **소 뒷걸음질 치다 쥐 잡기**였죠. 제가 면접을 여러 번 보면서 깨달은 건 답변하기에 난감한 질문에도 **즉각적**으로 대답할 수 있는 순발력이 아주 **중요하다는 거예요**.

가 그래요? 저는 올리비아 씨가 말을 유창하고 조리 있게 해서 면접관에게 좋은 점수를 받았기 때문에 합격했을 거라고 생각했어요.

## 복습

**1** 알맞은 단어를 골라서 (     )에 쓰십시오.

격식성  문맥  문체  독자  짜임새  축약  필자

지난 3일 김인하 작가의 신작이 출간되었다. 늘 참신한 소재와 탄탄하고 ❶ (          ) 있는 구성으로 인상적인 작품을 선보여 온 김 작가가 이번에는 추리 소설이라는 새로운 장르에 도전한다. 직접적으로 내용에 드러나지 않고 숨어 있는 단서를 ❷ (          )에서 유추하여 사건의 전모를 밝히는 과정이 ❸ (          )에게 읽는 재미를 선사할 것이다. 뿐만 아니라 글 전편에 녹아 있는 ❹ (          ) 특유의 개성 있는 ❺ (          )을/를 감상하는 재미도 기대해 볼 만하다.

부사  어감  어미  조사  형용사  미묘하다

한국어 속담 중에 '아 다르고 어 다르다'라는 말이 있듯이 한국어는 자음이나 모음 하나만의 차이로도 말이 주는 느낌이 ❻ (          )게 달라진다. 특히 소리를 흉내 내는 의성어나 모양을 표현하는 의태어를 보면 모음 한 글자만 바뀌어도 ❼ (          )의 차이가 뚜렷하게 나타난다는 것을 알 수 있다. '반짝반짝', '번쩍번쩍'과 같은 ❽ (          )들이 그 예이다. 또한 '노랗다', '누렇다'처럼 색채를 표현하는 ❾ (          )들도 모음 한 글자의 차이로 그 색깔이 주는 느낌을 다르게 나타낸다.

**2** 다음 문법을 사용하여 이야기를 완성하십시오.

-거니와  -는다는 것이다

가 저는 동시 통역사가 되는 것이 꿈인데 그러려면 외국어 실력도 ❶ ______________ 통역을 하는
(뛰어나야 하다)
분야의 전문 지식도 갖춰야 해서 공부할 게 아주 많아요 .

나 그리고 무엇보다도 중요한 것은 일을 하면서 맞닥뜨리게 되는 위기 상황에 순발력 있게 잘 ❷ ______________.
(대처해야 하다)

2과

# 언론과 표현의 자유

## 01 언론의 영향력

대화 어휘 선정성, 야당, 자본주의, 난무하다, 시사하다, 왜곡하다, 재임하다, 폄훼하다

확장 어휘 개입, 공정성, 논평, 선전 선동, 오보, 유발, 중립성, 진정성, 편파 보도, 편향성

문법 -는 바

## 02 대중 매체와 표현의 자유

대화 어휘 가처분, 공방, 검열, 선례, 임원, 기각되다, 휩싸이다, 자칫

확장 어휘 모욕, 비방, 실명제, 차단, 탄압, 휘갈기다, 휘늘어지다, 휘몰아치다

문법 -은 나머지

MP3 / 03

# 1. 언론의 영향력

- 여러분은 언론이 왜 중요하다고 생각합니까?
- 여러분은 언론이 사회에 어떤 영향을 끼친다고 생각합니까?

**진행자** 오늘은 저희 언론인들의 이야기를 할까 합니다. 자본주의 사회에서 언론 매체는 사기업이 운영하지만 궁극적으로 공익을 우선시해야 합니다. 언론이 광고료에 의존하면서 그 광고주들을 비판한다든가 큰 영향력을 가진 정치권력을 비판한다든가 하는 것은 쉬운 일이 아닙니다. 한 정치인이 야당 지도자 시절에 "신문 없는 정부보다는 정부 없는 신문을 택하겠다."라고 언론의 중요성에 대해서 열변을 토했습니다. 그렇지만 막상 그가 대통령으로 재임할 때는 "신문에 실린 것은 아무 것도 믿을 수 없다. 그 오염된 매개물에 실리게 되면 진실조차 의심을 받게 된다."라고 언론을 폄훼했습니다. 이 말이 전적으로 맞다고는 할 수 없지만 상업성과 선정성이 짙은 과장 보도와 사실을 왜곡하는 추측 보도가 난무하는 현실에 비춰 보면 시사하는 바가 큽니다. 언론을 '시민의 대변인'으로 만드냐 혹은 '믿을 수 없는 매체'로 만드냐 하는 것은 오늘을 살아가고 있는 모든 언론인들에게 주어진 과제라고 생각합니다.

자본주의 야당 재임하다 폄훼하다 선정성 왜곡하다 난무하다 시사하다

어휘 1

보도
기록
논평
오보
왜곡
편파 보도

언론의 순기능 →

여론 형성
정보 제공
사회 갈등 조정
사회 환경 감시

언론의 역기능 →

선전 선동
여론 조작
정치 개입
공포심 유발

- 다음은 신문 칼럼 내용의 일부입니다. (　　)에 알맞은 표현을 쓰십시오.

언론은 매체를 통해서 사실을 알리거나 주요한 문제에 대해서 여론을 ( 보기 형성 )하는 역할을 한다. 그러므로 언론은 사실을 객관적으로 ① (　　　　　)해서 국민이 올바른 판단을 내릴 수 있도록 해야 한다. 언론이 잘못된 정보를 ② (　　　　　)하면 개인뿐만 아니라 사회, 국가의 의사 결정이 잘못된 방향으로 흘러갈 수 있다. 언론은 정보를 제공하는 그 자체도 중요하지만 사실을 ③ (　　　　　)하지 않고 균형을 유지하면서 ④ (　　　　　)하지 않는 것도 중요하다. 또한 단순히 어떤 사실을 그대로 ⑤ (　　　　　)하고 보도하는 것이 아니라 비판적 시각을 통해서 그 사실의 진위 여부를 검증하는 것도 언론의 역할이라고 할 수 있겠다.

- 언론이 사회에 미치는 영향에 대해서 보기 와 같이 이야기하십시오.

보기

가 언론이 사회에 미치는 영향력은 아주 크다고 생각해요. 언론이 **여론을 형성**할 뿐만 아니라 **사회 환경을 감시**하기까지 하니까요.

나 맞아요. 국민의 생명과 재산을 위협하는 요인들을 미리 알려서 피해를 예방하거나 최소화하기도 하지요. 하지만 그로 인해 과다한 심리적 긴장감이나 **공포심을 유발**하는 경우도 있어요.

가 그래서 단순히 사실만을 **보도**하는 것이 아니라 사회 환경에 관한 정보의 의미를 해석하고 사설, **논평**, 해설 등을 통해서 대응책도 제시해야 한다고 생각해요.

어휘2

| 공정성 | 중립성 | 대중성 | 오락성 | 편향성 |
|---|---|---|---|---|
| 작품성 | 진정성 | 상업성 | 선정성 | 폭력성 |

• 다음은 기사의 일부입니다. (　　)에 알맞은 단어를 쓰십시오.

**연세일보**

통합검색 ▾ 검색

뉴스 스포츠 연예 지역뉴스 포토뉴스 동영상 토론방 커뮤니티

**온라인 게임 광고의 ( 보기 선정성 ), 어디까지 갈 것인가?**

온라인 게임 광고의 선정성과 1 (　　　　)이/가 계속 논란이 되고 있다. 일부 온라인 게임 광고에는 선정적인 사진과 폭력적인 장면이 그대로 묘사되어 있는데 이런 광고가 청소년들도 볼 수 있는 사이트에 올라와 있어서 문제가 되고 있다.

**아이돌 그룹 비하 방송사, 한 줄 사과에 팬들 분노**

방송사들이 시청률을 높이기 위해서 상업성과 2 (　　　　)에 치중한 예능 프로그램들을 여과 없이 내보내고 있다. 한 방송사가 아이돌 그룹을 조롱하고 비하하는 내용의 방송을 그대로 내보내면서 전 세계 팬들의 비난을 받고 있다. 팬들의 비난이 계속되자 해당 방송사는 '프로그램의 재미를 위한 농담이었다'며 사과했지만 팬들은 3 (　　　　) 있는 사과가 아니라며 비판의 강도를 높이고 있다.

**5월 마지막 주 영화 순위**

이번 주 영화 순위 1위는 한국 영화사상 첫 국제 영화제 대상을 받은 작품 <별>이다. 예년의 영화제 수상작들이 4 (　　　　)은/는 뛰어나지만 대중성에 취약했던 것과 달리 이번 영화는 전국 1,947개 스크린에서 총 1336만 명을 동원하면서 5 (　　　　)과 작품성 모두 뛰어난 작품임을 보여 줬다.

• 다음 표를 채우고 보기 와 같이 이야기하십시오.

O : 필요하다　　X : 필요없다

| | 공익성 | 중립성 | 상업성 | 선정성 | 오락성 | 폭력성 |
|---|---|---|---|---|---|---|
| 영화 | X | X | O | O | O | O |
| 신문 | | | | | | |
| 1인 미디어 | | | | | | |
| 공영 방송 | | | | | | |
| 민영 방송 | | | | | | |

보기

가　영화의 폭력성과 선정성에 대해서 어떻게 생각하세요?

나　저는 '19세 이상 관람가' 영화라면 폭력적이고 선정적인 장면이 있어도 괜찮다고 생각해요. 영화의 재미를 위해서 어느 정도는 필요한 부분이기도 하고요.

가　하지만 청소년들이 관람 불가 영화를 너무 쉽게 볼 수 있다는 게 문제예요. 극장에서는 볼 수 없다고 해도 인터넷을 통해서 큰 제재 없이 거의 모든 영화를 접할 수 있으니까요.

## -는/은/ㄴ 바

동사에 붙어서 '것', '일' 등을 의미한다. 특히 '는/-은/ㄴ바 있다'는 '어떤 일을 한 경험이 있다'는 의미이다.

- 저는 이번 일에 대해서 아는 바가 전혀 없습니다.
- 총장님께서 생각하시는 바를 구체적으로 말씀해 주십시오.
- 언론에 보도된 바와 같이 두 사람은 이미 혼인 신고를 마쳤다.
- 김동현 선수는 세계 선수권 대회에 여러 차례 출전한 바가 있습니다.

가 최소한의 휴식 시간도 보장되지 않는 열악한 근무 환경 속에서는 더 이상 일할 수 없습니다.
나 여러분들의 노고를 제가 모르는 바가 아닙니다. 조금만 더 참아 주시면 빠른 시일 내에 대책을 마련하도록 하겠습니다.

가 새로 개발된 당뇨병 치료제는 부작용이 없습니까?
나 3차에 걸친 임상 실험 결과 일부 환자에게서 위장 장애나 식욕 부진, 변비가 생긴 사례가 있다고 보고된 바가 있습니다.

- 다음은 의류 회사 '서울모직'의 면접시험 내용입니다. 보기 와 같이 이야기하십시오.

| 질문 | 대답 |
|---|---|
| 보기 우리 회사에 지원한 동기가 무엇인가? | 고등학교 때 이 회사에서 주최한 디자인 공모전에 당선됐다. |
| 1) 왜 디자이너가 되고 싶었나? | 초등학교 때 한 의류 회사의 어린이 모델로 활동했다. |
| 2) 디자이너로서의 실무 경험이 있나? | 중소기업에서 인턴으로 일했다. |
| 3) 우리 회사는 야간 근무가 많은데 상관없나? | 학교 수업 후에는 밤늦게까지 아르바이트를 했다. |
| 4) 외국어 실력은 어느 정도인가? | 미국에서 1년 동안 어학연수를 했고 국제디자인캠프에 참가했다. |
| 5) 지금까지 가장 열정을 쏟았던 일은 무엇인가? | 대학교 때 축제를 기획하고 준비했다. |

보기

가 우리 회사에 지원한 동기가 무엇입니까?
나 저는 고등학교 때 '서울모직'이 주최한 공모전에 **당선된 바가** 있는데 그때부터 이 회사에서 일하고 싶다는 꿈을 키웠습니다. 그래서 이번에 지원하게 됐습니다.
가 왜 디자이너가 되고 싶었습니까?

# 연습해 봅시다

• '언론의 역할'에 대한 인터뷰입니다. 보기와 같이 이야기하십시오.

| 인터뷰 대상 | 상황 | 견해 |
|---|---|---|
| 보기 대학교수 | 지난번에도 말씀드렸다. | 언론이 여론을 형성하는 데 가장 큰 영향력을 미친다. |
| 1) 논설위원 | 신문 사설에 썼다. | 언론이 사회 환경을 감시하는 역할을 해야 한다. |
| 2) 외신 기자 | 뉴스에서 보도됐다. | 해외 유력 언론사 사장이 불법 정치 개입과 여론 조작 혐의로 구속됐다. |
| 3) | | |

보기

가 언론의 역할에 대해서 교수님께서 **생각하시는 바**를 구체적으로 말씀해 주십시오.

나 지난번에도 **말씀드린 바와 같이** 저는 **여론을 형성**하는 데 가장 큰 영향을 미치는 것이 언론이라고 생각합니다. **여론이 형성**될 수 있는 **정보를 언론이 제공**하기 때문이지요. 따라서 언론의 역할은 사실을 **왜곡**하지 않고 있는 국민들에게 있는 그대로의 진실을 전해 주는 데에 있다고 생각합니다.

# 2. 대중 매체와 표현의 자유



**'표현의 자유' ··· 헌법은?**

**제21조**

① "모든 국민은 언론·출판의 자유를 가진다"

② "허가나 검열은 인정되지 않는다"

| 예외 |
| --- |
| 타인의 명예·권리·공중도덕·사회 윤리 침해 시 |

- 표현의 자유와 관련해서 논란이 된 사건을 알고 있습니까?
- 여러분은 표현의 자유를 보장하는 법이 왜 필요하다고 생각합니까?

**진행자** 오늘은 영화 평론가 김성모 씨를 모시고 최근에 논란이 되고 있는 영화 '진짜 경찰'에 대해서 이야기를 나눠 보겠습니다. 먼저 영화가 논란에 휩싸이게 된 이유가 무엇입니까?

**평론가** 이 영화가 특정 지역을 범죄 소굴로 묘사하고 그 지역에 사는 사람들을 마치 범죄 집단처럼 그리고 있는 것에 대해서 지역 주민들이 화가 난 나머지 상영 금지 가처분 신청을 냈다고 합니다.

**진행자** 그렇다면 법원은 어떤 결정을 내릴까요?

**평론가** 작년에 개봉했던 범죄 다큐멘터리 영화의 경우에도 영화에 등장하는 방송국 임원들이 자신들의 초상권과 명예권이 침해됐다며 상영 금지 가처분 신청을 했지만 법원에서 기각된 바가 있습니다. 그러니까 선례로 보면 이번에도 기각될 가능성이 높지요.

**진행자** 대중 매체가 이렇게 법적 공방에 휘말리지 않으려면 좀 더 엄격하게 자기 검열을 해야겠네요.

**평론가** 그렇기는 하지만 지나친 검열은 자칫 표현의 자유를 제한할 수 있다는 우려의 목소리도 있습니다.

휩싸이다　가처분　임원　기각되다　선례　공방　검열　자칫

## 어휘 1

| 부당 행위 | 범죄 | 대책 |
|---|---|---|
| 욕설<br>비방<br>혐오<br>침해<br>탄압 | 모욕죄<br>명예훼손죄<br>허위사실유포죄 | 매체 검열<br>욕설 규제<br>인터넷 실명제<br>유해 매체 차단 |

• 다음은 '표현의 자유'에 관한 대담의 일부입니다. (　　)에 알맞은 단어를 쓰십시오.

**김교수** 우리나라에서는 특정 후보자를 ( 보기 비방 )하는 글을 쓰면 공직선거법에 의해서 명예훼손죄나 ❶ (　　　　　)으로/로 고소를 당할 수 있습니다. 하지만 저는 이런 처벌이 표현의 자유를 침해하는 것이라고 생각합니다. 또한 혐오적인 표현이나 욕설을 ❷ (　　　　　)하겠다는 명목으로 인터넷 실명제를 실시하는 건 명백한 매체 검열입니다. 특히 방송통신위원회가 인터넷과 대중 매체를 ❸ (　　　　　)하고 국가에 대해서 어떤 비판도 못하게 하는 건 독재 국가에서 반체제 운동가를 ❹ (　　　　　)하는 것과 흡사해 보입니다.

**사회자** 하지만 청소년에게 유해한 매체를 ❺ (　　　　　)하고 건전한 인터넷 문화를 조성하기 위해서는 어느 정도의 매체 검열이 필요하지 않을까요?

**김교수** 이런 문제는 국가가 매체를 검열하고 차단해서 해결할 게 아니라 매체를 이용하는 개인의 판단에 맡겨야 한다고 봅니다.

• 다음 주제에 대해서 보기 와 같이 이야기하십시오.

| | |
|---|---|
| 대중음악에서의 표현의 자유 | 영화에서의 표현의 자유 |
| 에스엔에스(SNS)에서의 표현의 자유 | 언론에서의 표현의 자유 |

보기

**가** 대중음악에서 표현의 자유가 **침해**되는 문제에 대해서 어떻게 생각하세요?

**나** 영상물등급위원회에서는 노래 가사 중에 **욕설**과 선정적인 표현이 있는 앨범에 대해서 18세 미만 이용 불가 판정을 내렸어요. 그리고 해당 앨범을 전량 수거해서 청소년 유해 매체라는 것을 반드시 고시하라고 요구했고요. 저는 이것이 당연한 조치라고 생각해요.

**가** 하지만 **규제** 중심의 대응은 표현의 자유를 **침해**할 우려가 있지 않을까요?

어휘2

| 휘갈기다<br>휘감다<br>휘날리다<br>휘늘어지다 | 휘말리다<br>휘몰아치다<br>휘젓다 |
|---|---|

• 다음은 기행문의 일부분입니다. (　　)에 알맞은 단어를 쓰십시오.

우리는 해질녘이 되어서야 경포해수욕장에 도착했다. 겨울 바다라서 관광객이 거의 없는 한적한 해변을 아이들은 이쪽 끝에서 저쪽 끝까지 천방지축 ( 보기 휘젓 )고 다녔다. 그런데 30분쯤 지났을까? 처음에는 눈발이 조금씩 ① (　　　　　)더니 곧 함박눈으로 변했다. 그리고 얼마 지나지 않아서 강한 바람이 전후 사방에서 ② (　　　　　)기 시작했다. 점점 바람의 세기가 강해지면서 차가운 눈보라가 내 뺨을 ③ (　　　　　)었다/았다/였다. 나는 가방에 있던 목도리를 꺼내서 얼굴 전체를 ④ (　　　　　)었다/았다/였다. 험한 날씨 때문에 우리는 더 이상 해변에 머물 수가 없었다.

• 보기 와 같이 이야기하십시오.

겨울 산　　겨울 바다　　겨울 여행

보기

가 겨울 산에 가 본 적이 있어요?

나 네, 작년 겨울에 설악산에 갔는데 하루 종일 눈보라가 **휘몰아쳐서** 입산이 금지되는 바람에 산 아래 찻집에서 차만 마시고 왔어요.

가 산 아래에서 보는 경치도 아름답지 않아요?

나 네, 산줄기를 **휘감은** 계곡의 모습, 눈이 쌓인 나뭇가지가 **휘늘어져** 있는 모습, 눈발이 바람에 **휘날리는** 모습 등은 마치 한 폭의 그림을 보는 것 같았어요.

## -은/ㄴ 나머지

동사나 형용사에 붙어서 앞 문장의 상태나 행위가 지나침으로 인해 뒤 문장의 결과가 일어났음을 의미한다.

- 갑작스러운 질문에 당황한 나머지 아무 대답도 할 수 없었어요.
- 대학 합격 소식을 듣고 너무나 기쁜 나머지 나도 모르게 소리를 질렀다.
- 저는 그 사람의 무례한 행동에 화가 난 나머지 자리를 박차고 나와 버렸어요.
- 산속에 숨어 있던 군인들은 너무 배가 고픈 나머지 민가에 침입해서 음식을 훔쳤대요.

가 영수 씨 어머니께서 쓰러지셨다면서요?
나 네, 아들 소식을 듣고 충격을 받은 나머지 그 자리에서 쓰러지셨대요.

가 의원님께서는 왜 탈당을 결심하게 되셨나요?
나 당 지도부의 결정에 너무나 실망한 나머지 탈당을 결심하게 되었습니다.

- 민수 씨와 관련된 이야기입니다. 보기 와 같이 이야기하십시오.

| 원인 | 결과 |
|---|---|
| 보기 너무 피곤했다. | 아침에 알람 소리를 듣지 못했다. |
| 1) 9시쯤 눈을 떴을 때 시계를 보고 너무 놀랐다. | 침대에서 급히 내려오다가 넘어져서 발목을 삐었다. |
| 2) 아침에 중요한 회의가 있는데 늦잠을 자서 당황했다. | 준비한 회의 자료를 빠뜨리고 회사에 갔다. |
| 3) 입사 5년차가 되어도 이런 실수를 하는 나에게 너무 실망했다. | 화장실에 가서 '엉엉' 울었다. |
| 4) 아침부터 너무 스트레스를 받았다. | 하루 종일 아무것도 먹을 수가 없었다. |
| 5) 실수를 만회하고자 밤을 새우며 무리했다. | 쓰러져서 병원에 입원하게 됐다. |

보기

가 민수야, 너 병원에 입원했었다며? 도대체 무슨 일이 있었던 거야?
나 말도 마. 우리 동창회 했잖아. 모임이 끝나고 집에 오니까 새벽이었어. 잠깐만 눈을 붙이고 일어나려고 알람을 맞추고 잤는데 너무 **피곤한 나머지** 알람 소리를 듣지 못했지 뭐야.
가 그래서 늦잠을 잤구나.
나 응, 9시쯤…

# 연습해 봅시다

- 표현의 자유와 관련된 주제입니다. 보기 와 같이 이야기하십시오.

| 주제 | 상황 | 사례 |
|---|---|---|
| 보기 인터넷 실명제 | 한 배우가 자신을 비방하는 댓글로 인해 스트레스를 받았다. | 병원에 입원을 했다. |
| 1) 가짜 뉴스 | 한 정치인이 가짜 뉴스 때문에 낙선한 후에 화가 났다. | 가짜 뉴스를 배포한 언론사를 허위사실유포죄로 고발했다. |
| 2) 대중 매체 사전 검열 | 정부에 대한 비난 여론이 확산되자 대통령은 불안했다. | 모든 방송국을 장악하고 방송 내용을 사전에 검열하게 했다. |
| 3) | | |

보기

**가** 요즘 **인터넷 실명제**가 논란이 되고 있는데 어떻게 생각하세요?

**나** 저는 꼭 필요하다고 생각해요. 얼마 전에 한 배우가 자신을 **비방**하는 댓글들로 인해 스트레스를 **받은 나머지** 병원에 입원한 일이 있었잖아요. 다시는 그런 일이 재발하지 않도록 반드시 **인터넷 실명제**를 해야 한다고 생각해요.

**가** 하지만 그렇게 되면 표현의 자유가 **침해**되지 않을까요?

**나** 저는 표현의 자유가 사람의 목숨보다 중요하다고는 생각하지 않아요.

## 복습

## 1 알맞은 단어를 골라서 (　　)에 쓰십시오.

야당　임원　논평　공방　개입　자칫　중립성　편향성　자본주의

연초에 발표된 정부의 강도 높은 부동산 규제 정책에 대해서 여당은 찬성하는 입장이지만 ❶ (　　　　)은/는 국가가 사적자유경제에 지나치게 ❷ (　　　　)하는 것은 ❸ (　　　　) 시장 경제 질서를 위배하는 것이라며 반대하고 있다. 이렇게 여야가 정부의 부동산 정책을 둘러싸고 치열한 ❹ (　　　　)을/를 벌이고 있지만 주요 신문사는 정치적 ❺ (　　　　)을/를 지킨다며 그 어떤 ❻ (　　　　)도 내놓지 않고 있는데 이것이 과연 언론의 책임감 있는 행동인지 묻고 싶다. 신중함으로 포장한 신문사들의 태도가 ❼ (　　　　) 수수방관자의 자리에서 머뭇거리고 있는 모습으로 비추어질 수도 있다는 점을 간과해서는 안 된다.

## 2 다음 문법을 사용하여 이야기를 완성하십시오.

-는 바　　-은 나머지

가 한국축산업협회장이 14일부터 여의도 국회의사당 앞에서 1인 시위를 하고 있는데 그 이유가 무엇입니까?

나 이미 언론에 ❶ ______________(알려지다) 와/과 같이 수급 조절이 제대로 이루어지지 않아서 생활고에 ❷ ______________(시달리다) 극단적인 선택을 한 축산 농민이 있었습니다. 이와 같은 축산 농가들의 문제를 해결하기 위해서는 '축산법 개정 법률안'이 조속히 국회를 통과해야 하는데 아직도 처리되지 않고 있어서 1인 시위에 나선 것입니다.

3과

# 개인과 사회

## 01 법과 질서

**대화 어휘** 납세, 탈세, 혐의, 각성하다, 준수하다, 축적하다, 환원하다, 연이어

**확장 어휘** 공공복리, 국방, 재산권, 적합, 참정권, 토대, 부여받다, 정착되다, 지향하다

**문법** 는커녕

## 02 시민의 역할

**대화 어휘** 진입, 대피하다, 동참하다, 번지다, 에워싸다, 미처, 삽시간, 발 벗고 나서다, 손을 쓰다

**확장 어휘** 관용 정신, 근검절약 정신, 덕목, 대화·타협 의식, 직업 윤리 의식, 손에 땀을 쥐다, 손을 내밀다, 손을 놓다, 손을 보다, 손을 빌리다

**문법** 조차

MP3 / 05

# 1. 법과 질서

- 왜 사회에 법과 질서가 필요하다고 생각합니까?
- 국민의 권리와 의무는 어떤 관계가 있다고 생각합니까?

**이윤아** 사회 지도층 인사가 전 재산을 사회에 환원했다는 소식을 접하게 되면 마치 도심 속 미세 먼지에 파묻혀 있다가 숲속의 신선한 공기를 들이마시는 것 같은 시원한 느낌이 들어요.

**김유진** 갑질이나 탈세 혐의로 연이어 뉴스에 오르내리는 사회 지도층 인사가 많다 보니 모범적인 경영 철학을 솔선해서 실천하고 법과 질서를 준수하고 있는 기업가가 재조명되고 있는 것 같아.

**이윤아** 얼마 전에 한 방송에서 유한양행 설립자인 유일한 박사의 이야기를 다루었는데 인터뷰에서 직원이 대답한 말이 인상적이었어요. 자녀에게 경영권을 물려주지 않는 기업 문화 속에서 모든 직원이 주인 의식을 가지고 열심히 일할 수 있다고 하더라고요. 자신도 언젠가 사장이 될 수 있다는 희망을 가지고 말이지요.

**김유진** 유일한 박사는 단 한 번도 납세 기한을 어기는 법이 없었고 어떤 일이 있어도 불법 자금을 정치인들에게 건넨 적이 없었대. 이런 기업가의 정신을 본받기는커녕 부만 축적하려고 들거나 자녀에게 재산을 불법으로 증여하는 기업 총수들은 각성해야 해.

환원하다　탈세　혐의　연이어　준수하다　납세　축적하다　각성하다

어휘 1

| | |
|---|---|
| 법과 규칙<br>민주 사회<br>공동생활의 토대<br>자유와 권리<br>책임과 의무 | 준수하다<br>실현하다<br>지향하다<br>정착되다<br>갖추다<br>부여받다<br>요구받다 |

• 준법을 주제로 쓴 논설문의 일부입니다. (　　)에 알맞은 표현을 쓰십시오.

( 보기 법과 규칙을 )~~을/를~~ 준수하면 자신의 권리를 보장받고 다른 사람들의 권리를 보호해 줘서 공동생활의 질서를 유지하는 데 기여할 수 있다. 민주 사회를 지향한다고 해도 법과 질서가 있는 공동생활의 ① (　　　　)을/를 갖추지 못한다면 민주 사회가 ② (　　　　)지 못하고 그 사회는 불안정해질 수밖에 없다. 민주 사회의 구성원들은 많은 자유와 권리를 ③ (　　　　)지만 그와 동시에 법과 규칙을 준수해야 하고 책임과 ④ (　　　　)을/를 요구받는다. 규칙이 없는 경기는 참가자 모두에게 혼란과 고통을 준다. 따라서 우리는 남을 위해서가 아니라 나 자신을 위해서 법을 ⑤ (　　　　)어야/아야/여야 한다는 마음가짐으로 우리 주변의 아주 작은 약속을 지키는 것부터 실천해 나가야 한다.

• 유명인이 법과 규칙을 준수하지 않아서 뉴스에 나온 사례를 알고 있습니까? 보기 와 같이 이야기하십시오.

보기

가 방송에 자주 나오던 유명한 의사가 탈세 혐의로 조사를 받게 되었대요. 사회의 지도층 인사로서 모범을 보이지는 못할망정 탈세를 하다니 기가 막혀요.

가 그러게요. 사회 지도층의 불법 행위가 뉴스에 나오는 걸 보면 매일 **법과 규칙**을 **준수하며** 사는 우리 같은 시민은 기운이 빠져요.

## 어휘2

| 국민의 기본권과 의무 | |
|---|---|
| 평등권<br>자유권<br>사회권<br>청구권<br>참정권 | 납세의 의무<br>국방의 의무<br>교육의 의무<br>근로의 의무<br>환경 보전의 의무<br>재산권 행사의 공공복리 적합 의무 |

• 국민의 권리와 의무에 대한 설명입니다. (　　)에 알맞은 표현을 쓰십시오.

국민은 누구든지 차별받지 않을 권리가 있습니다. 보기 평등권

국민은 국가에 어떤 행위를 해 달라고 요구할 수 있는 권리가 있습니다. ❸

국민은 국가로부터의 간섭 없이 행동하고 생각할 수 있는 권리가 있습니다. ❶

국민은 자신이 직접 정치에 참여할 수 있는 권리가 있습니다. ❹

국민은 나라를 지켜야 하는 의무가 있습니다. ❷

국민은 세금을 성실하게 내야 하는 의무가 있습니다. ❺

• 다른 사람이 국민으로서의 의무를 다하지 않아서 여러분의 권리가 침해를 당한 적이 있습니까? 보기와 같이 이야기하십시오.

보기

**가** 지난 여름에 옆집에서 풍기는 악취 때문에 정말 괴로웠어요. 옆집 주인이 정해진 날짜에 음식물 쓰레기를 배출하지 않고 마당에 쌓아 놓아서 흘러나온 침출수 때문이었어요.

**나** 너무 힘들었겠군요. 그래서 어떻게 했어요? 옆집 주인에게 말해야지요.

**가** 그 집에 찾아가서 말을 했는데 달라지는 게 없어서 구청에 민원을 냈어요. 옆집 주인이 환경 보전의 의무를 다하지 않아서 제가 깨끗한 환경에서 살 권리인 사회권을 침해받게 되었으니까 조치해 달라고 말이에요.

## 은커녕/는커녕

명사에 붙어서 앞의 내용을 강하게 부정할 때 쓴다.

- 산 정상은커녕 등산로에 들어서지도 못했어요.
- 새로운 광고 방송 이후에 고객 수가 늘어나기는커녕 오히려 줄었다.
- 영수하고 대화를 하고 나서 사이가 가까워지기는커녕 더 멀어졌어요.
- 사장은 이번 사태에 대해서 책임을 지기는커녕 자기는 모르는 일이라고 발뺌을 하고 있습니다.

가 아까 엘리베이터 안에서 개가 짖어서 깜짝 놀랐어요. 주인이 목줄을 당기긴 했지만 좁은 공간에서 큰 개가 짖으니까 공포스럽더라고요. 입마개를 채웠으면 좋았을 텐데요.
나 그러게요. 그런데 요즘도 공원에 가면 입마개는커녕 목줄도 하지 않고 산책을 시키는 사람들이 있어요.

가 올해 일자리가 많이 늘었어요?
나 일자리가 늘기는커녕 1년 새 취업자가 8만여 명이나 줄었어요.

• 오랜만에 동창회에서 친구를 만났습니다. 보기 와 같이 이야기하십시오.

| 관심사 | 기대 | 결과 |
|---|---|---|
| 보기 회사 상황 | 회사 사정이 좋아지다. | 매출이 더 줄어서 걱정이다. |
| 1) 대우 | 연봉이 오르다. | 회사 매출이 안 좋아서 입사 때보다도 적어졌다. |
| 2) 투자 | 재테크를 잘하다. | 하루하루 먹고 살기도 힘들다. |
| 3) 수당 | 야근 수당을 모으다. | 요즘 회사 자금난 때문에 제날짜에 월급 받는 것도 힘들다. |
| 4) 새로운 시스템 도입 | 업무가 편하다. | 사용법을 배우느라고 정신이 없다. |
| 5) 업무 속도 | 일의 속도가 빨라지다. | 새 프로그램이 손에 익지 않아서 시간이 더 걸리다. |

보기

가 너네 회사 사장이 경찰에서 조사를 받고 무혐의로 풀려났다면서? 다행이다. 사장이 회사에 복귀하니까 회사 사정이 다시 좋아지고 있지?
나 회사 사정이 **좋아지기는커녕** 매출이 점점 더 줄어서 걱정이야. 아무래도 사장님이 검찰에서 조사를 받았다는 것이 회사의 이미지를 실추시킨 것 같아.

# 연습해 봅시다

• 다음은 법과 질서를 준수하기 위한 '신고 문화'와 '신고포상제' 실시에 대한 시민들의 인식입니다. 여러분은 어떻게 생각합니까? 보기 와 같이 이야기하십시오.

| 신고 문화와 신고포상제 | 내용 |
|---|---|
| 보기 국민의 의무로서 신고 문화 | 법과 질서를 준수하려는 노력을 하지 않고 법망을 피해서 자신의 이익만 챙기려는 사람들이 있다. 불법 행위는 신고해야 한다. |
| 1) 신고 문화의 긍정적인 면 | 법을 지키지 않고 불법 행위를 아무 거리낌 없이 하는 사람들이 있다. 신고를 통해서 단속의 손길이 미치지 못하는 불법 행위를 찾아낼 수 있다. |
| 2) 신고포상제의 부정적인 면 | 신고포상제로 전혀 예상하지 못한 피해자가 생길 수 있다. 자신의 불법 행위를 부끄러워하지 않고 취미 생활로 풍경 사진을 찍는 사람을 오해해서 불편하게 만들 수 있다. |
| 3) | |

보기

가 저는 사회 질서를 어지럽히는 잘못된 위법 행위나 범법 행위를 신고하는 것도 준법정신을 **실현하는** 것이라고 생각해요.

나 맞아요. 함께 사는 세상에서 법과 질서를 **준수하려고 노력하기는커녕** 어떻게든 법망을 피해서 자신의 이익만 챙기려는 사람들도 있으니까요.

가 그렇지요. 불법 행위를 신고하는 것은 사회 구성원으로서 당연한 의무이지요.

# 2. 시민의 역할

- 위험에 처한 사람을 구조하거나 도와준 적이 있습니까?
- 성숙한 시민이란 어떤 사람일까요?

**뉴스 진행자** 이번 화재는 불길이 삽시간에 번졌기 때문에 미처 손을 쓸 수 없었던 현장이 많았습니다. 급히 대피하느라고 다들 정신이 없는 상황이었는데 그 와중에도 남을 도우려는 따뜻한 손길이 있다고 합니다. 김아영 기자 나와 주세요.

**기자** 취재진이 지나가려 하자 한 무리의 오토바이 운전자들이 위험하다며 진입을 막습니다. 이들은 다름 아닌 음식점 배달원들로 혹시나 대피하지 못한 사람들이 있을까 하여 구조에 도움을 주러 왔다고 합니다.

**뉴스 진행자** 지금 그곳의 상황은 어떻습니까?

**기자** 대부분의 주민들은 대피했지만 일부 주민들은 남아서 불이 붙을 만한 물건들을 치우면서 불길이 번지는 것을 막으려고 애쓰고 있습니다. 강풍 속에서 재가 휘날려서 눈조차 제대로 뜨기 어렵지만 주민들과 소방대원들은 힘든 싸움을 이어 가고 있습니다. 화재 진압과 구조 작업에 동참하려고 현장을 찾아온 사람들도 있습니다. 화마가 시내를 에워싼 위험천만한 상황에서도 남을 위해서 발 벗고 나선 사람들의 아름다운 시민 의식이 돋보입니다.

삽시간 번지다 미처 손을 쓰다 진입 대피하다
진압 동참하다 에워싸다 발 벗고 나서다

# 어휘

## 어휘 1

| 성숙한 시민이 지녀야 할 사회적 덕목 | |
|---|---|
| 준법정신<br>근검절약 정신<br>관용 정신<br>사회봉사 정신 | 권리 의식<br>공동체 의식<br>대화·타협 의식<br>시민 의식<br>직업 윤리 의식<br>장애인 보호 의식<br>환경 의식 |

• 다음은 구체적으로 어떤 덕목에 대한 발언입니까? (　　)에 알맞은 표현을 쓰십시오.

| | | | |
|---|---|---|---|
|  | 사회 전체가 함께 잘 살아야 사회가 제대로 발전했다고 볼 수 있습니다. 개인의 이익만을 추구할 것이 아니라 공동체의 이익을 중시해야 합니다. | ➡ | 보기<br>공동체 의식 |
|  | 사회의 일원으로서 내가 가진 능력을 나누는 것은 당연한 일입니다. 저는 토요일마다 어린이 공부방에서 무료로 영어를 가르치고 있습니다. | ➡ | ① |
|  | 노사 관계처럼 이해관계가 상반되는 문제일수록 서로 상대의 입장을 이해하고 더욱 적극적으로 소통하려는 노력이 필요하다고 생각합니다. | ➡ | ② |
|  | 권리를 침해받고도 참는다면 같은 피해를 또 당할 수 있습니다. 직접 해결하기 어렵다면 신고를 하거나 고발을 해서 바로잡는 것이 옳다고 봅니다. | ➡ | ③ |
|  | 급격한 경제 성장 과정에서 바람직한 소비 생활의 기준이 흔들리고 있습니다. 근검절약이 값진 덕목이라는 것을 일깨우는 교육이 필요합니다. | ➡ | ④ |
|  | 사회 소외 계층인 장애인이 사회 구성원으로서 가지는 권리와 기회를 평등하게 누릴 수 있도록 지속적으로 관심을 가지고 배려해야 합니다. | ➡ | ⑤ |

• 여러분은 주위에서 사회적 덕목을 갖춘 성숙한 시민을 본 적이 있습니까? 보기와 같이 이야기하십시오.

보기

**가** 얼마 전에 횡단보도에서 한 아이가 할아버지의 팔을 잡고 건너는 걸 봤어요. 그런데 횡단보도를 다 건너고 나서 할아버지가 그 아이에게 머리를 숙이면서 여러 번 고맙다고 인사를 하는 거예요.

**나** 할아버지와 손자 사이가 아니었어요?

**가** 네, 아이에게 물어보니까 할아버지의 걸음걸이가 불편해 보여서 혹시 횡단보도에서 넘어지실까 봐 팔을 잡아드린 거라고 하더라고요. 어른인 저보다 **사회봉사 정신**과 **장애인 보호 의식**이 확실한 아이였어요.

어휘2

| | |
|---|---|
| 손을 쓰다 | 손을 내밀다 |
| 손을 보다 | 손에 땀을 쥐다 |
| 손이 가다 | 손을 놓다 |
| 손이 모자라다 | 손을 뻗다 |
| 손을 빌리다 | 손을 씻다 |

• 회사에 신입 사원이 들어왔습니다. (     )에 알맞은 표현을 쓰십시오.

**최 과장** 우리 부서에 신입 사원이 둘이나 들어왔어요. 행사를 준비할 때마다 ( 보기 손이 모자라서 )~~어서/아서/여서~~ 다른 부서로 ❶ (          )으러/러 다니는 것을 부장님이 보신 모양이에요.

**박 과장** 총무부에 일이 많은 걸 부장님이 아시고 미리 ❷ (          )으셨군요/셨군요. 그런데 신입 사원들이라서 최 과장님이 신경을 많이 쓰셔야겠어요. 경력 사원을 보내 주셨으면 좀 편했을 텐데요.

**최 과장** 두 사람 다 인턴 경험이 있어서 그런지 별로 ❸ (          )을/ㄹ 일이 없네요. 업무 파악도 빠르거니와 심지어 프린터나 복사기에 문제가 생기면 직접 ❹ (          )기도 해요.

**박 과장** 요즘 젊은이들이 취업을 위해서 실무 준비를 철저히 한다고 들었어요.

• 관용 표현을 활용하여 보기 와 같이 이야기를 만드십시오.

보기

**가** 청소년 월드컵 경기 결승전을 봤는데 정말 **손에 땀을 쥐게** 하는 경기였어. 어린 선수들이 끝까지 최선을 다하는 모습이 감동적이더라.

**나** 난 경기를 보다가 나도 모르게 자리에서 일어나서 박수를 쳤어. 훌륭한 경기를 펼친 선수들 한 명 한 명이 정말 대견하더라고. 세계적인 팀에서 어느 선수에게 제일 먼저 **손을 내밀지** 궁금하네.

## 조차

명사에 붙어서 앞에 제시한 아주 기본적인 것, 간단한 것을 하지 못함을 강조하여 나타낼 때 쓴다. 뒤에는 '못', '안', '힘들다', '어렵다' 등 부정적인 표현이 온다.

- 제 동생은 2학년인데 아직 덧셈조차 제대로 못 해요.
- 한국어로 발표하고 토론하는 것이 이렇게 힘들 거라고는 생각조차 못 했어요.
- 명절에는 KTX를 타고 가는 귀성객이 많아서 입석표조차 사기 힘들어요.
- 저는 그 사람의 이름조차 들어 본 적이 없어요.

가 오랜만에 공연을 하시지요? 그동안 곡 작업만 하셨습니까?
나 아닙니다. 그동안 건강이 너무 안 좋아져서 공기 좋은 곳에서 요양하면서 치료를 받았습니다. 이렇게 다시 무대에 설 수 있을 거라고는 생각조차 못했어요.

가 적대 관계인 두 나라 정상이 어떻게 갑자기 만나게 된 거예요? 비밀리에 준비가 진행되었어요?
나 아니요. 기사를 보니까 양국 대통령들의 참모들조차 이번 만남을 인지하지 못했다고 해요. 스미스 대통령의 즉흥적인 제안으로 현장에서 만남이 이루어졌다나 봐요.

- 토론회 준비와 관련하여 보기 와 같이 이야기하십시오.

| | 상황 1 | 상황 2 |
|---|---|---|
| 보기 | 친구가 토론회 준비를 잘하고 있는지 궁금하다. | 이번 주에 토론회가 있다는 것을 몰랐다. |
| 1) | 친구 팀의 토론회 주제가 무엇인지 알고 싶다. | 어떤 주제들이 있는지 모른다. |
| 2) | 친구가 토론회 주제를 모르고 있다는 말에 놀랐다. | 벌써 주제가 정해졌을 거라고는 생각을 못했다. |
| 3) | 지난주에 주제를 정해서 팀별로 준비 모임을 했다. 거기에서 사회자와 팀장을 정하고 소주제도 정했다. | 지난주에 준비 모임을 했다는 것을 몰랐다. |
| 4) | 토론회 일정표를 보니 친구는 '존엄사'에 반대하는 팀에 속해 있다. | 생각을 해 본 적이 없는 주제이다. |
| 5) | 존엄사 반대 팀의 팀장에게 물어보는 것이 좋겠다. 반대 팀 팀장은 옆 반의 미셸 씨이다. | 들어 본 적이 없는 이름이다. |

보기

**가** 유키 씨, 토론회 준비는 잘되고 있어요? 저는 아직도 자료만 찾고 있어요.
**나** 금요일에 토론회를 해요? 저는 이번 주에 토론회가 있다는 **것조차** 몰랐어요.
**가** 그래요? …

# 연습해 봅시다

• 성숙한 시민으로서 갖춰야 할 덕목에 대해서 보기 와 같이 이야기하십시오.

| 성숙한 시민의 덕목 | 성숙한 시민의 행동 |
|---|---|
| 보기 사회봉사 정신 | 봉사 활동을 하고 싶은데 신청 장소를 몰라서 못하는 사람도 있다.<br>작은 문제부터 관심을 가지고 봉사 활동의 기회가 있으면 동참한다. |
| 1) 근검절약 정신 | 자신이 낭비를 하고 있다는 것도 모르고 소비하는 사람들이 있다.<br>소비와 지출을 조절하여 계획성 있는 생활을 할 수 있도록 집중적인 교육과 홍보를 해야 한다. |
| 2) 권리 의식 | 권리를 침해받고 항의도 안 하면 같은 피해를 또 당할 수 있다.<br>시민 개개인이 자신의 권리를 지키기 위해서 적극적으로 주장하고 행동해야 한다. |
| 3) | |

보기

**가** 최근의 조사 결과에서 개인적인 차원의 봉사 활동에 소극적인 사람이 많은 것으로 나타났대요.

**나** 사실 저도 봉사 활동을 하고 싶은데 신청 **장소조차** 몰라서 아직 한 번도 못 했어요. 저는 성숙한 시민이 되려면 아직 멀었나 봐요.

**가** **사회봉사 정신**은 내가 베풀 수 있는 것을 다른 사람과 나누고자 하는 '섬김과 애정'에서 비롯되는 거예요. 그러니까 생활 주변에서 발생하는 작은 문제부터 관심을 가지고 도움이 필요한 곳에 **손을 내밀어 보세요.**

# 복습

## 1 알맞은 단어를 골라서 (　　)에 쓰십시오.

| 축적하다 | 연이어 | 납세 | 혐의 | 탈세 | 준수하다 |
|---|---|---|---|---|---|

유명인들의 ❶ (　　　　　) 관련 보도가 하루가 멀다 하고 ❷ (　　　　　) 터지고 있다. 대부분이 자신의 탈세 ❸ (　　　　　)을/를 부인하고 있는 상황에서 한 연예인은 ❹ (　　　　　)이/가 제대로 되지 않은 것은 인정하지만 탈세 의도가 있었던 것은 아니라고 주장했다. 이들은 소득 신고를 제대로 하지 않거나 세율이 낮은 지역에 가짜 회사를 설립해서 돈을 빼돌려 해외 은행에 ❺ (　　　　　)는/은/ㄴ 방식으로 탈세를 해 왔음이 알려졌다.

| 시민 의식 | 진입 | 동참하다 | 준법정신 | 정착되다 |
|---|---|---|---|---|

소방청이 29일 전국적으로 '소방차 길 터 주기' 훈련을 실시했다. 일반 차량들은 화재 현장에 ❻ (　　　　　)하는 소방차를 위해서 길을 내주며 ❼ (　　　　　)을/를 실현했다. 특히 사거리에서 소방차 통과를 기다렸다가 운행을 하는 등 성숙된 ❽ (　　　　　)을/를 보였다. 소방청장은 운전을 하는 사람들이 조금 여유를 가지고 양보하면 소방차 길 터 주기가 ❾ (　　　　　)을/ㄹ 것으로 보인다며 이날 훈련에 의미를 부여했다.

## 2 다음 문법을 사용하여 대화를 완성하십시오.

| 는커녕 | 조차 |
|---|---|

**가** 입사한 지 한 5년 됐으니까 돈을 꽤 모았겠다.

**나** 돈을 ❶ __________ (모으다) 매달 카드비 메우기도 힘들어. 이제는 마음잡고 가계부를 써야겠어. 너는 가계부 쓰니?

**가** 가계부? 나는 학교에 다닐 때 ❷ __________ (일기) 써 본 적이 없어. 뭔가를 규칙적으로 기록하는 건 나한테 안 맞아.

4과

# 사회 제도와 정책

## 01 한국의 군 복무 제도

대화 어휘 갑론을박, 공론화, 공백, 모병제, 병역, 안보, 정예화, 정비하다, 잠잠하다

확장 어휘 격론, 군 복무, 난장판, 대체 복무, 병역 기피, 병역 면제, 싸움판, 입씨름, 징병제, 현역 입영, 벌이다

문법 -으려는지

## 02 복지와 개인의 삶

대화 어휘 국민 청원, 겨냥하다, 기여하다, 누리다, 보유하다, 토로하다, 힘겹다, 속속

확장 어휘 고용 보험, 공공 부조, 국민연금, 빈곤층, 생계비, 감격에 겹다, 눈물겹다, 역겹다, 정겹다, 호강에 겹다

문법 -지

# 1. 한국의 군 복무 제도

MP3 / 07

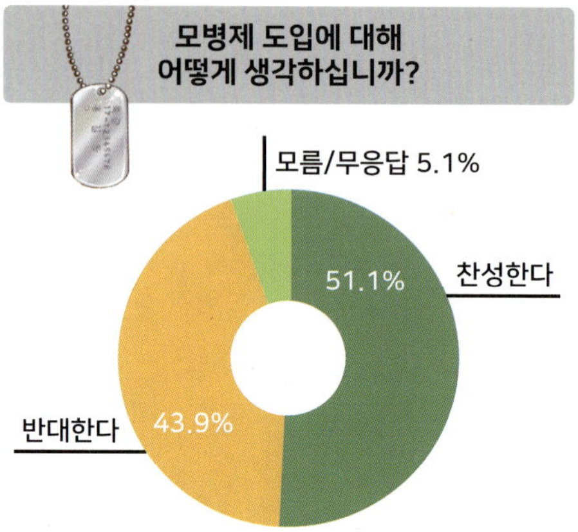


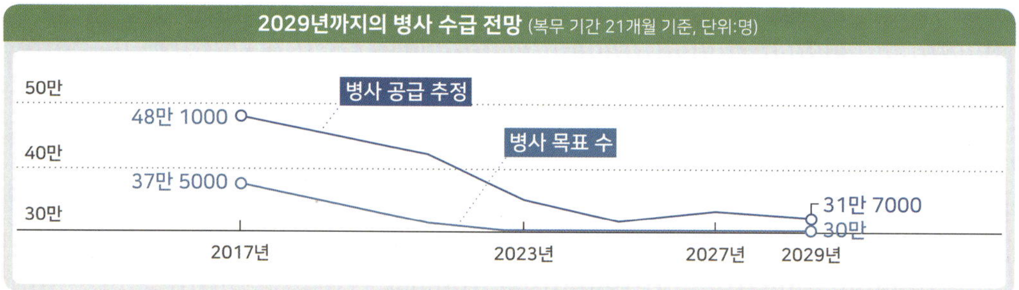


- 의무적으로 군대에 가는 것에 대해서 어떻게 생각합니까?
- 강한 군대를 유지하기 위해서 군인의 수가 많아야 한다고 생각합니까?

**토론 진행자** 한동안 잠잠했던 병역 제도에 대한 논란이 재점화되려는지 최근 정치권에서 여러 의견이 나오고 있습니다. 그중에서도 원하는 사람만 군에 입대하게 하는 모병제로 전환하자는 주장에 대해서 갑론을박이 한창입니다. 오늘은 모병제 주장이 왜 나오고 모병제가 우리 사회에 미칠 영향이 무엇인지에 대해서 짚어 보려고 합니다. 우선 모병제 공론화에 시동을 건 박상필 의원의 말씀부터 들어보겠습니다.

**박 의원** 제 세대에는 100만 명 정도였는데 지금은 한 해 출생아 수가 30만 명이 조금 넘고 10년 후면 30만 명 이하로 떨어집니다. 이런 추세로 가다가는 출생률이 더 떨어져서 현재 규모의 군을 유지할 수 없는 정도가 될 것입니다. 그럼 어떻게 될지 생각해 보십시오. 국방과 안보에 공백이 생기겠지요? 그러니까 지금부터 제도를 정비해서 작지만 강한 군대를 만들어야 합니다. 그러려면 원하는 사람을 군대에 가게 해서 효율적으로 훈련을 받게 해야 할뿐더러 적은 수로도 일당백의 역할을 해낼 수 있도록 군을 정예화해야 합니다. 그래서 모병제를 제안했습니다.

잠잠하다 병역 모병제 갑론을박 공론화 안보 공백 정비하다 정예화

# 어휘

## 어휘 1

| 병역 제도<br>징병제<br>모병제 | 현역 입영<br>군 복무<br>대체 복무 | 병역 거부<br>병역 면제<br>병역 기피 | 복무 기간<br>심사 기준 |
|---|---|---|---|

- 다음은 병역과 관련된 정보를 제공하는 내용입니다. (        )에 알맞은 표현을 쓰십시오.

**진행자** 안녕하세요? 오늘은 두 번째 ( 보기 병역 제도 ) 안내 시간으로 대체 복무에 대해서 알아보도록 하겠습니다. 대체 복무제란 ① (              )을/를 실시하는 국가에서 현역 입영 대상자가 입대하여 ② (              )을/를 하는 대신 사회 복지 시설 등에서 공익적 업무를 하는 경우에 병역 의무를 마친 것으로 인정해 주는 제도입니다. 그러나 이들 역시 4주간의 군사 훈련을 받아야 하고 전역 후에는 8년간 예비군 훈련 과정을 거쳐야 합니다. 그런데 그동안 종교적 신념 등을 이유로 군사 훈련 자체를 거부해 온 사람들에게 ③ (              )의 기회가 생길 것 같습니다. 지난해 국방부는 종교적 신앙 등을 이유로 ④ (              )을/를 하는 경우에도 대체 복무를 통해서 병역의 의무를 이행할 수 있도록 하는 방안을 마련했습니다. ⑤ (              )은/는 현역병 및 공중 보건의 같은 기존 대체 복무자의 복무 기간을 고려해서 36개월 정도가 적정하다고 발표했습니다.

- 한국의 군 복무 제도에 대해서 어떻게 생각합니까? 보기 와 같이 이야기하십시오.

보기

가 저는 한국의 **군 복무** 제도에 변화가 필요하다고 생각해요. 모병제 도입도 진지하게 검토할 필요가 있어요. 이제 전쟁에서 필요한 것은 군인의 수가 아니라 전략과 기술입니다.

나 저도 그렇게 생각해요. 그리고 스스로 선택해서 입대하는 군인들이라면 의무적으로 입대한 사람에 비해서 **복무 기간** 동안 더욱 충실히 생활할 수 있을 겁니다. 지금 모병제를 도입하는 것이 시기상조라고 하는 사람들도 있지만 현재의 군 복무 제도가 타당한지 다시 검증해 볼 필요가 있다고 봅니다.

어휘2

| | |
|---|---|
| 공방 | 말다툼 |
| 갑론을박 | 난장판 |
| 논쟁 | 싸움판 |
| 격론 | 잔치 |
| 입씨름 | 사업 |

벌이다

- 논란이 되고 있는 '노키즈 존(No Kids Zone)'에 관련된 대화입니다. (　　)에 알맞은 표현을 쓰십시오.

가 어느 카페에 걸어 놓은 공지문 때문에 인터넷 게시판에서 ( 보기 공방이 )~~이/가~~ 한창이에요. 동반한 아이로 인해서 다른 고객들의 불편이 초래되면 이에 상응하는 조치를 취하겠다는 내용이에요.

나 공지문 내용에 불쾌감을 느낀 사람들은 울분을 토하면서 비난하고 반대로 아이들 때문에 불편을 경험했던 사람들은 그 경험담을 우르르 쏟아 내면서 격론을 ① (　　　　　)고 있어요. 게시판이 완전히 ② (　　　　　)이에요/예요.

가 사실 몇 년 전부터 '노키즈 존(No Kids Zone)' 설정 문제에 대해서 이런 저런 의견으로 갑론을박을 벌여 왔잖아요. 아이 때문에 다른 고객들이 피해를 입으면 안 될 것 같기는 해요.

나 노키즈 존을 정해 놓고 아이가 있는 경우에 출입을 제한하는 것도 문제가 있어 보여요. 형평성과 자유 시장 원리에 위배되니까요.

가 아이쿠, 우리끼리 이렇게 ③ (　　　　　)을/를 계속 하다가는 ④ (　　　　　)이/가 되겠어요. 나중에 친구들과 다시 이야기해 봅시다.

- 요즘 논란이 되고 있는 문제는 무엇입니까? 그리고 그 문제에 대해서 어떤 견해를 가지고 있습니까? 보기 와 같이 이야기하십시오.

보기

가 강력 범죄자의 신상을 공개하는 문제에 대해서 법률 전문가들이 **갑론을박**을 **벌이는** 걸 본 적이 있어요. 저는 강력 범죄자의 신상 공개를 적극적으로 찬성하는 입장입니다. 강력 범죄자의 신상이 공개되면 인근에 살고 있는 주민들이 경각심을 가질 수 있으니까 공익성이 크다고 생각해요.

나 저는 좀 다른 생각을 가지고 있어요. 신상을 공개하면 공개 대상자의 인격권을 침해한다는 측면에서 논란이 생길 수 있지요.

## -으려는지/려는지

동사의 뒤에 붙어서 뒤 문장의 내용에 대한 근거나 원인을 추측하는 뜻을 앞 문장에 나타낼 때 쓴다. 앞 문장에는 일어날 일이나 행위자의 의도에 대한 화자의 예측이 온다.

- 동생이 옷을 갈아입으려는지 방에 들어가서 문을 잠갔어요.
- 오늘 반가운 손님이 오시려는지 아침부터 까치가 시끄럽게 우네요.
- 광장에서 큰 행사를 하려는지 도로의 통행을 막고 무대를 설치하고 있어요.
- 누나가 마당의 잔디를 깎으려는지 잔디 깎는 기계를 손보고 있다.

가 무더위가 계속되더니 오늘은 어제보다 덜 더운 것 같아요.
나 네, 이제 더위가 물러가려는지 나무 그늘에 있으면 살짝살짝 바람도 부네요.

가 네 동생은 텔레비전을 보다가 어디에 갔니? 같이 이야기도 나누면 좋을 텐데.
나 야식으로 라면을 끓여 먹으려는지 냄비를 불에 올려놓고 화장실에 갔어요.

- 회사에서 동료와 이야기를 나눕니다. 보기와 같이 이야기하십시오.

| | 추측 | 실제 상황 | 반론 |
|---|---|---|---|
| 보기 | 조직 개편을 할 것 같다. | 임원 회의가 매일 열린다. | 6개월 전에 인사이동이 있었기 때문에 승진 대상자가 안 나올 것 같다. |
| 1) | 회사에서 중대 발표를 할 것 같다. | 모두 대회의실로 모이라고 했다. | 점심시간이라서 사람들이 많이 안 갈 것 같다. |
| 2) | 새로운 부서가 만들어질 것 같다. | 복도 끝에 있는 빈 공간을 사무실로 꾸미고 있다. | 사무실이 복도 끝에 있어서 일이 효율적으로 잘 안 될 것 같다. |
| 3) | 새 직원들이 들어올 것 같다. | 부장님이 사무실의 자리 배치를 바꾸라고 했다. | 공간이 좁아서 여러 명이 앉지 못할 것 같다. |
| 4) | 회사가 직원들의 노트북을 새것으로 바꿔 줄 것 같다. | 그동안 쓰던 노트북들을 문 옆에 모아 두라고 했다. | 우리가 쓰고 있던 노트북이 이미 최고급 사양이어서 성능이 더 좋은 노트북이 없을 것 같다. |
| 5) | 전 직원 체육 대회를 할 것 같다. | 총무부에서 직원들에게 운동복 사이즈와 디자인을 고르라고 했다. | 직원들 취향이 각양각색이어서 모든 직원들이 마음에 들어하는 디자인이 없을 것 같다. |

보기

가 회사 분위기가 어수선한 것 같아요. 곧 조직 개편을 **하려는지** 요즘 매일 임원 회의가 열려요. 승진을 바라는 부장님들이 마음을 졸이고 있겠어요.
나 6개월 전에 인사이동이 있었는데 이번 인사에서 승진 대상자가 또 나올지 모르겠네요.

# 연습해 봅시다

• 다음의 병역 관련 사항이나 제도에 대해서 보기 와 같이 이야기하십시오.

| | | |
|---|---|---|
| 보기 | 체육계 특기자의<br>병역 면제 | 체육회 관계자가 큰 국제 대회마다 포인트를 부여하는 메달 마일리지 제도를 도입할 거라고 했다.<br>앞으로는 큰 국제 대회에서 금메달을 한 번 받는 것으로는 병역 면제 혜택을 안 줄 것 같다. |
| 1) | 예술계 특기자의<br>군 입대 | 인기 아이돌 그룹이 당분간 완전체 활동을 중단한다고 발표했다.<br>활동 중단에 대한 팬들의 우려에도 불구하고 그룹의 멤버가 곧 군에 입대를 할 것 같다. |
| 2) | 종교적 신념 등에 따른<br>병역 거부자의 대체 복무 | 종교적 신념을 이유로 병역을 거부해서 병역법 위반 혐의로 재판을 받았던 사람이 무죄 판결을 받았다고 한다.<br>양심적 병역 거부자들이 국민의 의무를 이행할 수 있게 될 것 같다. |
| 3) | | |

보기

가 앞으로 큰 국제 대회에서 금메달을 한 번 받는 것으로는 **병역 면제** 혜택을 안 **주려는지** 큰 국제 대회마다 포인트를 부여하는 메달 마일리지 제도를 도입할 예정이래요.

나 올림픽에서 좋은 성적을 내는 데 크게 기여한 선수들이 있는 건 사실이지만 이들이 **병역 혜택**을 받게 된다면 보통의 대한민국 젊은이들의 마음이 편하지 않을 듯싶어요.

가 올림픽이나 아시안 게임 같은 큰 대회에서 메달을 받으면 **병역을 면제**해 줘야 하는 것 아닌가요? 올림픽에는 재출전하기도 힘든데 열심히 노력해서 금메달을 받아 국위를 선양한 공로는 인정을 해 줘야 할 것 같아요.

# 2. 복지와 개인의 삶



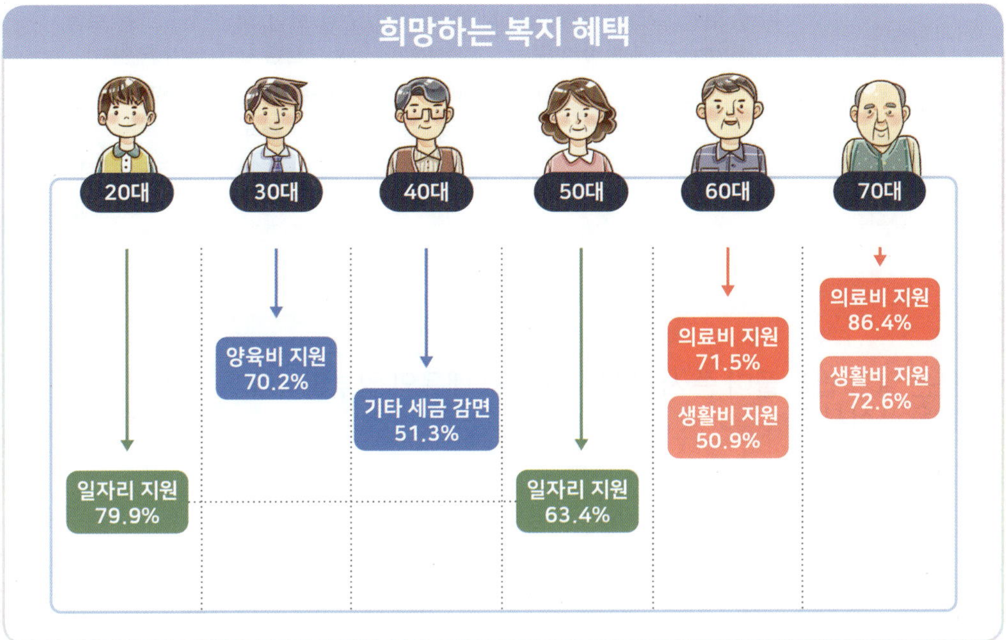


- 복지 국가란 어떤 나라일까요?
- 여러분 나라에서 잘 운영되고 있는 복지 제도는 무엇입니까?

**뉴스 진행자** 최근 국민 청원 게시판에 올라온 한 엄마의 글이 반대 청원까지 불러 모으며 공방이 치열합니다. 작성자는 국내에 거주하는 외국인입니다. 맞벌이 생활을 하며 두 아이를 힘겹게 키우고 있지만 어린이집 보육료 지원은 고사하고 만 6세 이하의 아동에게 지급되는 아동 수당조차 지원받지 못한다며 육아의 어려움을 토로했습니다. 이 청원은 게시된 지 5일 만에 2,500여 명 이상이 동의하며 관심을 모으고 있습니다. 반면, 해당 청원을 겨냥한 것으로 보이는 반대 청원도 속속 등장하고 있습니다. 이러한 복지 제도는 기본적으로 우리나라 아동의 복지 증진에 기여하기 위해서 도입된 것이지 외국인을 위한 제도가 아니라는 것이지요. 외국인도 혜택을 누리게 해 달라는 요청이 다소 과하다는 것이 반대 청원을 한 사람들의 의견입니다. 현재 국내에 거주하고 있는 재외국민이나 복수 국적자는 아동 수당을 지급받을 수 있지만 대한민국 국적을 보유하지 않은 경우에는 지급 대상에서 제외됩니다. 여러분의 생각은 어떠십니까?

국민 청원　힘겹다　토로하다　겨냥하다　속속　기여하다　누리다　보유하다

# 어휘

어휘1

| 사회 복지 제도 | | |
|---|---|---|
| 사회 보험 | 가난, 질병, 실업과 재해 등에 대처<br>개인과 정부 공동 부담 | 건강 보험, 국민연금, 고용 보험,<br>산업 재해 보상 보험 |
| 공공 부조 | 빈곤층의 생계비 지원 | 국민 기초 생활 보장 제도<br>의료 급여 제도 |
| 사회 복지 서비스 | 실제적, 직접적, 전문적 도움 제공 | 실업자 대상 무료 직업 훈련<br>빈곤층 대상 무상 급식 |

- 다음은 알기 쉽게 풀어 쓴 사회 복지 해설서 내용의 일부입니다. (　　)에 알맞은 표현을 쓰십시오.

> 한국의 사회 복지 제도는 사회 보험과 공공 부조, 그리고 사회 복지 서비스의 세 가지 유형으로 구분할 수 있다. ( 보기 사회 보험은 )~~은/는~~ 가난, 질병, ① (　　　　　　), 재해 등으로 생길 수 있는 불안한 상황에 ② (　　　　　　)하고자 하는 것으로 개인이 가입해야 하는 제도이다. 개인과 정부가 일정액을 분담한다. ③ (　　　　　　), 국민연금, 고용 보험 등이 이에 해당된다. 이와 달리 생활 능력이 없는 ④ (　　　　　　)을/를 대상으로 사람들의 기본적인 생활 수준을 보장해 주기 위해서 국가가 경제적으로 지원을 하는 것을 공공 부조라고 한다. 기초 생활 보장 제도와 의료 급여 제도가 있다. 사회 복지 서비스는 복지 수혜자에게 실제적이고 직접적이며 전문적인 도움을 제공하는 제도이다. 실업자를 대상으로 국고에서 무료로 취업 준비를 지원하는 ⑤ (　　　　　　)과/와 빈곤층 학생들에게 무상으로 급식을 제공하는 것이 이에 해당된다.

- 여러분은 사회 복지 정책에 대해서 어떻게 생각합니까? 보기 와 같이 이야기하십시오.

보기

가 **빈곤층의 생계비 지원** 정책에 대해서 어떻게 생각해요?

나 저는 직접 **금전적** 지원을 하면 긍정적인 효과보다 문제가 생길 가능성이 더 높다고 생각해요. 경제적 지원에 의존하기 시작하면 빈곤에서 스스로 벗어나려는 의지가 약해질 수 있고 빈곤의 함정에 빠져 상황이 더 악화될 수도 있다고 봐요. **공공 부조**의 형태 보다는 실제적인 지원을 하는 **사회 복지 서비스**가 더 유용하지 않을까요? 예를 들면 상담을 받거나 **직업 훈련**을 통해서 스스로 자립할 수 있는 힘을 키우는 거죠.

어휘2

| 힘겹다<br>흥겹다<br>정겹다<br>눈물겹다<br>역겹다 | 감격에 겹다<br>행복에 겹다<br>호강에 겹다<br>복에 겹다<br>분에 겹다 |
|---|---|

• (      )에 알맞은 표현을 쓰십시오.

오늘 영수가 6개월 만에 퇴원했다. 지난 연말에 영수는 내가 아르바이트를 하고 있는 스키장에 갑자기 나타났다. 그리고 3시간 동안 스키 기초 교육을 받았다. 스키를 신고 눈밭에서 기본 자세 잡기와 뒤로 넘어지기 동작을 반복하고 넘어졌다가 다시 일어나기를 거듭했다. 마음대로 몸을 가누지 못해서 ( 보기 힘겨워 )~~어/아/여~~하면서도 수십 번 쓰러지고 다시 일어서는 모습이 정말 ① (          )었다/았다/였다. 땀을 뻘뻘 흘리고 힘들어하면서도 영수의 얼굴에서는 미소가 떠나지 않았다. 그렇게 3시간이 지나고 영수는 산 정상까지 가는 리프트를 타면서 나에게 스키를 타고 내려오는 자신을 찍어 달라고 했다. 잠시 후 스키장 전체에 울려 퍼지는 ② (          )는/은/ㄴ 음악 소리와 함께 미끄러지듯 내려오는 영수가 보였다. 그때 ③ (          )어했던/아했던/여했던 영수의 표정을 아직도 잊을 수가 없다. 그런데 영수가 팔을 높이 드는가 싶더니 카메라 앵글에서 사라져 버렸다. 잠시 후 구급차가 도착하고 영수는 병원으로 실려 갔다. 6개월이 지난 오늘 영수와 나는 ④ (          )게 이야기를 나누며 병원을 나섰다.

• 감정이나 느낌이 지나쳐서 누르기 어려울 정도가 된 적이 있습니까? 보기 와 같이 이야기하십시오.

보기

**가** 어제 동창회에 갔어? 나는 회사에 큰 행사가 있어서 못 갔어. 대학 졸업 후 10년 만에 처음 하는 모임이니 꼭 참석하고 싶었는데 아무리 틈을 내 보려고 해도 안 되더라고.

**나** 너도 참석했으면 좋았으련만. 다들 감격에 겨운 표정이었어. 그리고 행사 내내 서로 손을 잡은 채로 대화를 나누는 동창들의 모습이 정말 정겨워 보였어.

## -지

동사나 형용사의 뒤에 붙어서 앞 내용을 긍정하면서 뒤의 내용을 부정할 때 쓴다. 뒤 문장에는 부정 표현이나 부정의 의미를 가진 의문형이 온다.

- 나는 시간이 있으면 독서를 하게 되지 운동을 하게 되지는 않더라.
- 바다에 안 가고 싶다고 했지 여행을 안 간다고 하지는 않았어요.
- 외국인이 저 정도면 말을 잘하는 것이지 어떻게 더 잘해요?
- 힘들면 나한테 말을 해야지 왜 울고 있어?

가 오늘은 날씨도 흐리고 바람도 좀 세네. 내일 비가 오려나?
나 일기 예보에서 내일은 바람만 불지 비는 안 온다고 했어.

가 동호회에서 주말여행을 간다고요? 남편한테서 허락을 받아야 해요.
나 부부 사이에 무슨 허락을 받아요? 부부 사이는 대등한 관계이지 종속 관계가 아니에요. 남편과 상의를 하면 되지 허락을 받는 건 아니지요.

- 연예 기획사가 바라는 인재상에 대해서 보기 와 같이 이야기하십시오.

| | 회사가 원하는 사람 | 지원자 성향 |
|---|---|---|
| 보기 | 새로운 아이디어로 엉뚱한 상상을 하는 사람 | 교과서적인 생각을 하는 모범생 |
| 1) | 콘서트와 영화, 드라마에 미쳐서 젊은 날을 보낸 사람 | 밤늦게까지 학원에 다니면서 좋은 성적을 받은 사람 |
| 2) | 상대의 입장을 이해하고 배려할 줄 아는 사람 | 상대의 잘잘못을 따지고 비판하는 사람 |
| 3) | 혁신적인 사고방식으로 변화를 선도하는 사람 | 현재에 만족하고 늘 제자리에 있는 사람 |
| 4) | 팀원들과 협력하고 융화될 수 있는 사람 | 업무 능력만 뛰어난 사람 |
| 5) | 자신의 업무를 조직 전체의 목적과 관련지어 생각할 수 있는 사람 | 자신의 업무에만 관심을 가지는 사람 |

보기

가 이번에 연예 기획사에 입사 지원서를 냈는데 서류 심사는 통과했대. 다음 주에 인터뷰를 하러 오라는 연락을 받았어.
나 잘됐다. 인터뷰 연습은 좀 했어? 하긴 너는 모범생이니까 잘되겠다.
가 그렇지도 않아. 홈페이지에 들어가서 보니까 그 회사가 원하는 건 엉뚱한 상상으로 새로운 아이디어를 만들어 내는 **능력이지** 모범생처럼 교과서적으로 생각하고 행동하는 착실함이 아니야. 나는 지금까지 학교 공부만 열심히 해 와서 경험도 적고 생각의 폭도 좁은 것 같아. 발상의 전환이 필요해.
나 그리고 또 어떤 사람을 원하는데?
가 ……

# 연습해 봅시다

- 생애 주기나 가구 상황에 따라 어떤 복지 제도가 필요한지 보기 와 같이 이야기하십시오.

한눈에 보는 복지 정보

| | 가구 상황 | 생애 주기 | 관심 주제 | 복지 제도 |
|---|---|---|---|---|
| 보기 | 장애인 | 청년 | 고용 | '커리어 플러스 센터' 운영: 기존에 일자리와의 관련성에만 관심을 두었던 프로그램들과 달리 장애인 청년들이 일정 기간 훈련을 받고 일할 수 있도록 함. |
| 1) | 저소득층 | 노년 | 주거 | '공공 실버 주택' 건립: 해당 지역 저소득층 노인들이 입주할 수 있음. 기존에 기본 생활을 위한 필수 공간만 갖추었던 것과 달리 응급 상황을 위한 비상벨, 화장실 안전 바, 현관 휠체어 보관 장소 등 공간별 편의 시설을 갖춤. |
| 2) | 다문화 | 아동 | 교육 | '다함께 돌봄 센터' 운영: 과거에는 한국인 부모를 위한 돌봄 센터만 있었을 뿐 다문화 가정을 위한 돌봄 센터는 없었음. 학부모의 필요에 따라 방과 후부터 저녁 7시까지 아이들을 돌봐 주거나 부모님이 급한 일이 있을 때 잠시 아이들을 맡길 수 있음. |
| 3) | | | | |

보기

가 서울시가 장애인 청년들의 취업을 위해서 '커리어 플러스 센터'를 운영하고 있더라고요.

나 장애인 청년들이 일정 기간 훈련을 받고 일할 수 있도록 돕는 복지 프로그램이 필요하다고 생각하고 있었는데 잘됐네요.

가 기존의 장애인 훈련 프로그램은 일자리와의 관련성에만 관심을 두었지 실제로 일자리에 배치하는 것까지는 별로 관심이 없었어요. 그런데 이 센터는 발달 장애인 청년들을 일자리에 먼저 배치하고 직무 훈련을 통해서 적응하게 한 뒤에 실제로 일을 할 수 있도록 돕는 사회 복지 서비스라고 해요.

# 복습

## 1 알맞은 단어를 골라서 (　　)에 쓰십시오.

징병제　　모병제　　공론화　　병역　　안보　　대체 복무제　　입영

국가의 ① (　　　　　)과/와 국방을 위해서 현행대로 ② (　　　　　)만을 채택할지, 지원자만 군대에 가는 ③ (　　　　　)을/를 채택할지는 안보 현실과 국방 예산을 종합적으로 고려하여 신중하게 결정할 문제이다. 최근 징병제를 기본으로 하되 ④ (　　　　　)을/를 보완적으로 도입하여 ⑤ (　　　　　)법의 체계를 개편하려는 움직임이 있다. 전투와 관련되지 않은 대체 복무 방안이 마련되면 여성의 병역 의무 이행에 대해서도 ⑥ (　　　　　)이/가 시작될 것으로 보인다.

복지 제도　　빈곤층　　사회 보험　　생계비

⑦ (　　　　　)이/가 질적, 양적으로 팽창하고 있지만 그 혜택은 골고루 분배되고 있는 것 같지 않다. 특히 청년들은 복지 ⑧ (　　　　　)에 속할 가능성이 높다. 아프거나 실직을 해도 기댈 곳이 없다. 아직 취직을 못 했거나 취직을 했더라도 정규직이 되지 못해서 건강 보험, 국민연금, 고용 보험 등 ⑨ (　　　　　)의 혜택을 받지 못하고 있다.

## 2 다음 문법을 사용하여 대화를 완성하십시오.

-으려는지　　-지

**가** 영수가 ① ______________ (여행을 가다) 정보를 알아보러 다니더라. 매일 도서관에 가서 동유럽이며 서유럽이며 관련 자료를 찾아보고 있어.

**나** 그래? 그런데 좀 이상하다. 영수는 국내 여행을 ② ______________ (좋아하다) 해외여행은 별로 관심이 없다고 하던데.

**가** 아, 그럼 자기가 가려는 게 아니라 부모님을 위해서 알아보는 건가 보다.

5과

# 성공과 진로

## 01 성공의 의미

대화 어휘 마음가짐, 명성, 시련, 재기, 출세, 칠전팔기, 추구하다

확장 어휘 고진감래, 대기만성, 도약, 새옹지마, 전환점, 주경야독, 축적, 형설지공, 좇다, 평탄하다

문법 이란

## 02 진로와 꿈

대화 어휘 동향, 실무, 열의, 직군, 직무, 진취적, 수행하다

확장 어휘 공모전, 어학연수, 역량, 열망, 열변, 열성, 인턴십

문법 -는 한이 있더라도

MP3 / 09

# 1. 성공의 의미

- 어떤 사람이 성공한 사람일까요?
- 여러분이 생각하는 성공한 사람은 누구입니까?

**기 자** 운동선수로서 최고의 자리에 오르기까지 많은 시련을 겪으셨다고 들었는데 구체적으로 이야기해 주시겠어요?

**김선수** 저는 4년 전에 중요한 대회를 앞두고 연습 도중에 발목을 다치는 사고를 당한 적이 있습니다. 무리하면 안 된다는 의사의 경고가 있었지만 저는 우승에 대한 욕심 때문에 다음 대회에 나갔다가 더 큰 부상을 당하고 말았죠.

**기 자** 부상을 당했음에도 불구하고 대회에 출전하셨군요. 그런 힘든 시기를 어떻게 극복하셨습니까?

**김선수** 오랫동안 재활 치료를 하면서 칠전팔기의 정신으로 다시 시작했어요. 좋은 결과를 내야 한다는 강박관념을 버리니까 훈련에 더 집중할 수 있었어요.

**기 자** 결국 재기에 성공하셨는데 그렇다면 성공을 위해서는 어떤 마음가짐이 필요하다고 생각하십니까?

**김선수** 다른 사람들의 시선을 신경 쓰지 않는 것입니다. 출세를 하거나 명성을 얻는 것도 성공이라고 할 수 있지만 저에게 진정한 성공이란 개인의 행복을 추구하는 것이라고 생각합니다. 여러분! 지금 마음이 하는 말에 귀를 기울여 보세요.

시련 칠전팔기 재기 마음가짐 출세 명성 추구하다

어휘 1

| 성공의 의미 | 인생의 과정 |
|---|---|
| 부를 축적하다<br>명예를 좇다<br>자아실현을 하다<br>행복을 추구하다<br>행복한 가정을 꾸리다<br>사회에 기여하다 | 도약을 하다<br>전환점을 맞이하다<br>전성기를 맞다<br>위기를 맞다<br>시련을 겪다<br>평탄한 생활을 이어 가다 |

• 다음은 어느 사업가의 회고록입니다. 인생에서 어떤 시기를 거쳤는지 쓰십시오.

저는 평생을 살아오면서 너무도 가난했던 어린 시절을 한 번도 잊은 적이 없습니다. 그래서 저는 '성공'이라는 두 글자만을 생각하며 열심히 일했고 저에게 성공이란 보기 **경제적으로 풍족해지는 것이었습니다.** ① 훌륭한 사람이 되어서 세상에 이름을 널리 알리는 것, ② 결혼을 해서 아이를 낳고 가족과 오순도순 사는 것은 그 당시 저에게 그리 중요하지 않았습니다. 저는 청바지를 만드는 공장에서 일하면서 어깨너머로 배운 재봉 기술로 옷을 만들기 시작했고 주변 사람들의 권유로 옷을 팔기 시작했습니다. ③ 처음에는 길거리에서 겨우 몇 벌의 옷을 팔았지만 손님이 꾸준히 늘었고 어느새 제 가게를 가지게 되었습니다. 옷은 매우 잘 팔려서 직원도 여러 명 두게 되었고 옷을 팔기 시작한 지 3년 만에 회사를 꾸리게 됐습니다. ④ 말 그대로 돈방석 위에 앉게 되어서 남 부럽지 않은 생활을 이어 갔습니다. 그런데 ⑤ 불경기에 접어들면서 회사 사정이 급격히 나빠졌고 경영에 대해 전문 지식이 없었던 저는 파산을 하고 말았습니다. 하지만 포기하지 않고 옷에 대한 연구를 거듭한 끝에 지금의 회사로 다시 일으켜 세울 수 있었습니다.

보기 부를 축적하다

① ______

② ______

③ ______

④ ______

⑤ ______

• 여러분은 지금까지 어떤 인생을 살아왔습니까? 보기 와 같이 이야기하십시오.

보기

가 살다 보면 크고 작은 일들이 생기게 마련인데요. 지금까지 살아오면서 인생에 큰 영향을 받았던 일에 대해서 이야기해 주세요.

나 저는 어렸을 때는 행복한 가정에서 **평탄한 생활을 이어 갔지만** 중학교 때 심한 교통사고를 당했어요. 6개월 동안 병원에 입원해 있어야 했는데 그때 정말 힘든 시기를 보냈어요. 하지만 큰 수술을 받고 회복하는 과정에서 의학에 관심이 생겼고 의대에 진학하기 위해서 중·고등학교에서 정말 열심히 공부한 결과 지금 의과 대학에 재학 중이에요.

가 교통사고로 인생의 **전환점을 맞이하게** 됐군요.

어휘2

| | |
|---|---|
| 칠전팔기<br>고진감래<br>대기만성<br>형설지공 | 주경야독<br>전화위복<br>새옹지마 |

• 다음 상황을 읽고 알맞은 표현을 연결하십시오.

| | | | |
|---|---|---|---|
| 보기 | '일곱 번 넘어져도 여덟 번 일어난다'는 뜻으로 실패를 거듭해도 굴하지 않고 다시 일어남. | ●-----● | 칠전팔기 |
| 1) | 어려운 일이 생겨도 참고 견디면 결국에는 좋은 일이 생김. | ● ● | 대기만성 |
| 2) | 크고 좋은 그릇을 만드는 데 시간이 오래 걸리는 것처럼 큰 사람이 되기 위해서는 많은 노력과 시간이 필요함. | ● ● | 주경야독 |
| 3) | 가난 속에서 반딧불이와 눈의 도움으로 글을 읽어 가며 노력함. | ● ● | 형설지공 |
| 4) | 낮에는 농사일을 하고 밤에는 글을 읽는다는 뜻으로 바쁜 틈을 내어 어려운 여건 속에서도 학업을 게을리하지 않음. | ● ● | 전화위복 |
| 5) | 지금 닥친 불행이 언젠가는 복이 될 수도 있다는 뜻으로 상황은 언제든지 바뀔 수 있음. | ● ● | 고진감래 |

• 목표를 이루기 위해서 열심히 노력했거나 그 결과가 좋았던 경험에 대해서 보기 와 같이 이야기하십시오.

보기

**가** 얼마 전에 텔레비전 프로그램에서 노벨상을 받은 물리학자를 인터뷰했는데 정말 눈물 없이는 들을 수 없는 이야기였어. 넉넉하지 못한 환경에서도 포기하지 않고 독학했대. 집에 전기가 안 들어와서 밤이 되면 가로등 아래에서 공부했다더라.

**나** 와! 그야말로 현대판 **형설지공**이네.

## 이란/란

명사에 붙어서 그 내용을 설명할 때 쓴다.

- 인생이란 뭐라고 생각하세요?
- 가족이란 힘들 때나 슬플 때나 항상 내 뒤에서 나를 지켜 주는 존재이다.
- 올림픽이란 전 세계 사람들이 한자리에 모여서 정정당당히 승부를 겨루며 평화를 기원하는 큰 행사입니다.
- 외국에서 혼자 살면서 매끼 해 먹기란 여간 귀찮은 일이 아니에요.

가 수업 시간에 투자에 대해서 배웠는데 그렇다면 투기는 뭐야?
나 투기란 시세 변동을 예상해서 차익을 얻으려고 하는 매매 거래로 기회를 틈타 큰 이익을 보려고 하는 것으로 불법이야.

가 대부분의 사람들이 행복을 추구한다고 하는데 과연 행복이란 뭘까요?
나 행복이란 자기 만족이라고 생각해요. 다른 사람과 비교해서 부, 직업, 사회적 지위 등이 높다고 해서 행복한 건 아니라고 봐요.

- 인생에서 무엇이 중요하다고 생각합니까? 보기 와 같이 이야기하십시오.

| | 주제 | 의견 |
|---|---|---|
| 보기 | 진정한 친구 | 옆에 있는 것만으로 마음이 든든하고 돈으로도 대체할 수 없는 존재 |
| 1) | 사랑 | 외로움과 상처를 극복하게 해 주고 상대방을 위해 노력하게 만드는 힘 |
| 2) | 성공한 삶 | 지금 상황에 만족하며 마음이 편안한 삶 |
| 3) | 행복한 결혼 생활 | 소소한 일을 함께하고 서로에게 버팀목이 될 수 있는 생활 |
| 4) | 돈 | 많으면 많을수록 인생을 풍요롭게 만들어 주는 것 |
| 5) | 명예 | 세상 사람들로부터 인정을 받고 자신의 이름을 널리 알리는 것 |

보기

가 인생을 살아가는 데 있어서 진정한 친구가 꼭 필요하다고 생각해요.
나 진정한 **친구란** 뭐라고 생각해요?
가 진정한 **친구란** 옆에 있는 것만으로 마음이 든든하고 돈으로도 대체할 수 없는 존재라고 생각해요. 선영 씨는 진정한 **친구란** 뭐라고 생각해요?
나 진정한 **친구란** …

# 연습해 봅시다

• 성공적인 삶을 살기 위해서 어떻게 해야 하는지 이야기합니다. 보기 와 같이 이야기하십시오.

| | 성공적인 삶 | 정의 |
|---|---|---|
| 보기 | 행복한 가정 | 결혼해서 아이를 낳고 행복하게 가족들과 오순도순 사는 것 |
| 1) | 출세 | 자신이 원하는 일을 하면서 돈도 벌고 사회적으로도 인정을 받는 것 |
| 2) | 사회에 기여하는 삶 | 사회에서 보호를 받지 못하는 어려운 사람들을 도우며 살아가는 것 |
| 3) | | |

보기

**가** 많은 사람들이 성공을 원하는데 과연 **성공이란** 뭘까요?

**나** 저는 **성공이란** 행복한 가정을 이루고 사는 것이라고 생각해요. 결혼해서 아이를 낳고 행복하게 가족들과 오순도순 살고 싶어요. 인생사 **새옹지마**라는 말이 있듯이 마음을 편안하게 먹고 현재에 감사하면서 살아간다면 **평탄한 생활을 이어 갈** 수 있을 거예요.

# 2. 진로와 꿈

- 여러분은 어렸을 때 꿈이 무엇이었습니까?
- 진로를 결정할 때 무엇을 고려해야 할까요?

**면접관** 이 직무를 선택한 이유를 말씀해 주십시오.

**김우진** 저는 마케팅 부서에서 인턴으로 일한 경험이 있습니다. 그때 시장 조사, 판매 현황, 소비자 동향 분석을 통해서 판매 실적을 올릴 수 있는 방안을 마련하고 신제품 개발을 위한 새로운 아이디어를 고안해 내면서 실력을 쌓았습니다. 뿐만 아니라 제 전공인 경영학도 업무를 수행하는 데 도움이 될 거라고 생각합니다.

**면접관** 인턴 경험에 대해서 좀 더 상세히 말씀해 주십시오.

**김우진** 인턴으로 일하는 동안 저에게는 모든 일이 도전이었습니다. 맡은 일을 하나씩 해결해 나가면서 진취적인 사고를 지니게 됐습니다. 다양한 실전 경험으로 실무도 익힐 수 있었습니다.

**면접관** 유통 업계는 다른 직군에 비해서 일이 힘든 편인데 좀 더 편한 직업을 가지는 게 낫지 않겠습니까?

**김우진** 저는 제가 가장 잘할 수 있고 좋아하는 일을 하고 싶습니다. 힘들어서 쓰러지는 한이 있더라도 열의를 가지고 소비자와 회사를 모두 만족시킬 수 있도록 최선을 다하겠습니다.

직무　동향　수행하다　진취적　실무　직군　열의

# 어휘

어휘 1

| 적성 검사를 하다<br>소질을 계발하다<br>역량을 기르다<br>실력을 쌓다<br>능력을 키우다<br>전공을 살리다 | 학점을 관리하다<br>어학 점수를 높이다<br>공모전에서 수상하다<br>인턴십을 하다<br>자격증을 따다<br>인터넷 강의를 듣다<br>어학연수를 하다 |
|---|---|

• 다음은 두 친구의 대화입니다. (　　)에 알맞은 표현을 쓰십시오.

**하늘** 우리도 이제 대학교 2학년이니까 취업을 위해서 슬슬 진로를 정해야 하지 않을까?

**우진** 나는 작년에 ( 보기 적성 검사를 받았는데 )~~었는데/았는데/였는데~~ 연구하는 일이 맞는다고 나왔어. 또 내 전공이 생화학이기도 하니까 ① (　　　　　　　　)어서/아서/여서 제약 회사 연구소에 취직할까 해. 넌 대기업 마케팅 팀에서 일하고 싶다고 했지?

**하늘** 응. 그래서 지금부터라도 부지런히 스펙을 쌓아 놓으려고 해. 기업에서 원하는 정도까지 ② (　　　　　　　　)으려고/려고 영어 학원에 다니고 있어. 그리고 ③ (　　　　　　　　)기 위해서 요즘 날마다 도서관에서 밤늦게까지 전공 수업 공부하고 있어. 이번 방학에는 회사에서 ④ (　　　　　　　　)으면서/면서 실무 경험도 쌓아 보려고 해.

**우진** 와! 정말 대단하다. 나도 전공과 관련된 자격증을 따려고 하는데 학원에 가지 않고 집에서 ⑤ (　　　　　　　　)으면서/면서 공부할까 생각 중이야.

• 진로 상담에 관한 대화입니다. 보기 와 같이 이야기하십시오.

보기

**주앙** 저는 다음 학기에 대학을 졸업하는데 졸업하고 나서 무슨 일을 하면 좋을지 아직도 모르겠어요.

**상담사** 주앙 씨가 제일 잘할 수 있는 게 뭐예요?

**주앙** 저는 대학교에서 경제학을 전공했는데 **전공을 살려서** 할 수 있는 일에는 흥미가 없어요. 하지만 사람들을 상대하고 관리하는 일에는 자신이 있어요.

**상담사** 그럼 그 **능력을 키워서** 회사의 인사부나 영업부에 취업하는 것도 괜찮을 것 같아요.

어휘2

| 열의 | 열중 |
|---|---|
| 열정 | 열변 |
| 열망 | 열성 |
| 열광 | 열기 |

• 다음은 뉴스 보도입니다. (　　)에 알맞은 단어를 쓰십시오.

**기자** 방금 전 서울국제수영경기장에서 올림픽 400m 자유형 남자 결승전이 있었습니다. 관중들은 세계적인 선수들이 등장하자 박수를 치며 ( 보기 열광을 )~~을/~~를 했습니다. 경기가 시작되자 선수들은 금메달을 ① (　　　　)하는 마음으로 물살을 가르며 질주하기 시작했습니다. 한국의 박태훈 선수가 세계 신기록을 세우며 결승선에 도착하자 관중들은 환호를 보냈고 경기장은 더욱 뜨거운 응원 ② (　　　　)으로/로 가득 찼습니다. 경기 후 박태훈 선수는 ③ (　　　　)적으로 응원해 주신 관중 여러분들 덕분에 더 힘을 낼 수 있었으며 그동안 ④ (　　　　)을/를 다해서 자신을 가르쳐 준 코치에게도 감사한다고 말했습니다. 지금까지 서울 국제 수영 경기장에서 전해 드렸습니다.

• 지금까지 여러분이 도전해 본 일에 대해서 보기 와 같이 이야기하십시오.

보기

**가** 저는 한국말을 공부하기 시작했을 때 하루에 단어를 100개씩 외우기에 도전했어요. 처음에는 **열의**를 가지고 외우기 시작했지만 하루에 단어를 100개씩 외우기란 쉬운 일이 아니었어요. 단어 외우기에만 **열중**한 나머지 다른 일들은 못 하기 일쑤였죠. 그래서 일주일 만에 포기하고 말았어요.

**나** 하루에 단어를 100개씩 외우겠다는 계획을 세우다니 정말 한국어 공부에 대한 **열정**이 대단했군요.

## -는 한이 있더라도

동사에 붙어서 부정적이거나 극단적인 상황을 가정해도 뒤의 상황은 변함 없음을 나타낸다.

- 죽는 한이 있더라도 부모님께 손을 벌릴 수는 없어요.
- 절교하는 한이 있더라도 친구에게 돈을 빌려주면 안 돼요.
- 며칠 동안 밤을 새우는 한이 있더라도 이번 주 안에 일을 끝내야 합니다.
- 회사에서 해고를 당하는 한이 있더라도 사장님의 비리를 밝히고야 말겠다.

가 직장 생활을 한 지가 벌써 10년이 됐는데 1억 원을 모으지 못했다고요?
나 네. 저는 가진 돈을 모두 다 쓰는 한이 있더라도 마음에 드는 물건은 꼭 사야 하거든요.

가 이번 대회에 어떤 각오로 임하는지 말씀해 주십시오.
나 뛰다가 지쳐서 쓰러지는 한이 있더라도 결승선까지 완주하겠습니다.

- 친구들이 새해 다짐을 합니다. 보기 와 같이 이야기하십시오.

| 이루고 싶은 일 | 감내해야 하는 일 |
|---|---|
| 보기 다이어트를 하다. | 고기와 탄수화물을 먹지 않고<br>날마다 채소만 먹어야 한다. |
| 1) 어학연수를 가다. | 1년 동안 가족과 친구들과 떨어져서<br>타지에서 외롭게 지내야 한다. |
| 2) 유럽 여행을 가다. | 아르바이트 3개와 학업을 병행해야 한다. |
| 3) 부모님으로부터 경제적으로 독립하다. | 집에서 학교까지 걸어서 다녀야 한다. |
| 4) 방탄소년단 콘서트에 가다. | 티켓을 구하기 위해 며칠씩 줄을 서야 한다. |
| 5) 장학금을 받다. | 매일 밤을 새워서 공부해야 한다. |

보기

**가** 나 요즘 너무 살이 쪄서 조금만 걸어도 땀을 비 오듯이 흘려. 올해는 꼭 다이어트를 해야겠어.
**나** 건강을 위해서라도 살을 빼는 게 좋기는 한데 살을 빼는 게 쉬운 일이 아니야.
**가** 나도 잘 알아. 하지만 올해 목표를 다이어트로 정한 만큼 고기와 탄수화물을 먹지 않고 날마다 채소만 **먹는 한이 있더라도** 꼭 살을 뺄 거야.
**나** 꼭 성공하기를 바랄게.

# 연습해 봅시다

• 성공한 사람에 대해서 보기 와 같이 이야기하십시오.

| 인물 | 경력 | 각오 |
|---|---|---|
| 보기<br>회사 사장 | - '아시아에서 성공한 기업인 10인'에 선정됨.<br>- IMF 경제 위기로 부도 위기에 놓인 회사를 살리는 데 열정을 쏟아서 지금의 회사를 업계 최고의 회사로 일궈 냄. | 회사만 살릴 수 있다면 일을 하다가 쓰러져도 상관없다는 각오로 열성을 다해서 하루에 12시간 이상씩 일함. |
| 1) 축구 선수 | - 한국 최초로 영국 프리미어리그에 진출함.<br>- 어렸을 때부터 축구에 재능을 보였고 꾸준히 실력을 쌓아 온 노력파임. | 발에 감각이 없어지고 밤새 통증에 시달려도 하루에 공차기 연습을 500번씩 꼭 하겠다는 다짐으로 연습함. |
| 2) 코미디언 | - 긴 무명 시절을 견디고 10년 넘게 한국 최고의 코미디언 자리를 지키고 있음.<br>- 어렸을 때부터 코미디언이 되기를 열망함. | 평생 무명으로 살 각오를 하고 성공하기 전까지는 이 업계를 떠나지 않겠다는 다짐으로 일함. |
| 3) | | |

보기

**가** '아시아에서 성공한 기업인 10인'에 선정된 회사 사장에 대해서 아세요?

**나** 아니요. 어떤 사람이에요?

**가** 그 사람은 IMF 경제 위기로 부도 위기에 놓인 회사를 살리는 데 **열정**을 쏟아서 지금의 회사를 업계 최고의 회사로 일궈 냈어요. **쓰러지는 한이 있더라도** 회사만 살릴 수 있다면 상관없다는 각오로 **열성**을 다해서 하루에 12시간 이상씩 일했대요.

**나** 정말 대단한 사람이군요!

# 복습

## 1 알맞은 단어를 골라서 (     )에 쓰십시오.

| 열기 | 공모전 | 인턴십 | 도약 | 열중 | 재기 | 실무 |
|---|---|---|---|---|---|---|

오늘 학교에서 취업 박람회가 열렸다. 청년 실업률이 두 자릿수로 치솟은 현실을 반영이라도 하듯이 많은 학생들이 몰려 박람회장은 취업을 향한 뜨거운 ❶ (          )으로/로 가득 찼다. 학생들은 기업의 인사과 직원의 이야기에 ❷ (          )하는 모습을 보였다. 또한 실제로 일을 해 보며 ❸ (          )을/를 익히는 ❹ (          ) 경력이나 기업에서 작품을 공개 모집하는 ❺ (          )에서의 수상 이력이 취업에 필요한지 등 많은 질문을 쏟아 냈다.

| 출세 | 축적 | 마음가짐 | 전환점 | 칠전팔기 | 추구하다 | 열정 |
|---|---|---|---|---|---|---|

요즘 젊은 세대들 사이에 성공에 목매지 않고 자신의 삶을 즐기고자 하는 사람들이 늘고 있다고 한다. 예전에는 대부분의 사람들이 돈을 많이 벌어서 부를 ❻(          )한다거나 사회적으로 높은 지위에 올라서 ❼(          )하는 삶을 ❽(          )었던/았던/였던 것과는 대조적인 모습이다. 따라서 회사에서 일에 임하는 ❾ (          )도 달라지고 있으며 여가 생활에 ❿ (          )을/를 쏟는 모습을 보이기도 한다.

## 2 다음 문법을 사용하여 이야기를 완성하십시오.

| 이란 | -는 한이 있더라도 |
|---|---|

**가** 부모님들이 우리들을 위해서 항상 희생하시면서도 행복해하시는 모습을 보면 부모의 ❶ ________(희생) ________ 뭘까에 대해서 생각해 보게 되더라고요.

**나** 부모님들의 희생은 자신의 모든 걸 ❷ ____________(포기하다) 자식을 잘 키우기 위해서는 뭐든지 하겠다는 강한 의지에서 비롯되는 거 아닐까요?

# 6과

# 기업과 사회

## 01 기업 활동

대화 어휘 기호, 주력, 판촉, 한정판, 합작, 고수하다, 끌어올리다, 선발하다, 차별화되다, 출시하다

확장 어휘 고도화, 고착화, 구축, 다원화, 무인화, 설정, 세분화, 수립, 시제품, 유통망, 전략, 책정

문법 에 비추어 볼 때

## 02 기업의 사회 공헌

대화 어휘 공정 무역, 공헌, 구호, 위상, 이윤, 일각, 일환, 취지, 비롯되다, 제고하다

확장 어휘 건립, 결식아동, 구명, 구제, 구휼, 물자, 전수, 정비, 취약

문법 -어 나가다

# 1. 기업 활동

MP3 / 11

Yonsei Biz

산업 부동산 증권 테크 금융 정책 오피니언 피플 #분양가 상한제 폭탄

증권
시장동향

## 연세전자, 상반기 매출 464억 원…반기만에 전년도 매출 달성

연세비즈 | 민서연 기자

0

1

연세전자 (1,440원▲ 330 29.73%)가 반기만에 전년도 매출을 달성하는 등 사상 최대 실적을 기록했다고 13일 밝혔다.

필링크는 올해 반기 별도 매출액이 전년 대비 253% 상승한 464억 원, 영업 이익은 2085% 증가한 35억 원을 각각 달성했다. 당기 순이익도 39억 원을 기록했다.

필링크에 따르면 해외 패션 부분의 실적이 올 해 상반기에 반영되면서 좋은 실적을 기록했다. 회사 측 관계자는 "해외 패션 사업이 전체 매출의 80% 이상을 차지했으며, IT 부문의 실적도 개선되며 사상 최대의 매출을 달성할 수 있었다."라고 했다.

- 기업은 어떤 과정을 거쳐서 제품을 생산하고 판매합니까?
- 기업은 이윤을 극대화하기 위해서 어떻게 합니까?

**사 장** 상반기 매출 감소의 원인이 무엇인지 파악하기 위해서 기획개발부에서 최근의 소비 동향을 분석했다고 하는데 그 결과를 들어 봅시다.

**부 장** 우리 회사는 그간 소수 주력 상품의 판촉에만 지나치게 힘을 쏟았습니다. 그러나 소비자의 기호와 요구가 다양화되고 있는 시장 상황에 비추어 볼 때 기존 방식만을 고수해서는 판매 부진에서 벗어나기 어렵다는 결론을 내렸습니다.

**사 장** 새로운 제품을 내놓자는 말이군요. 좋은 아이디어가 있습니까?

**부 장** 대중들에게 인기 있는 캐릭터를 제작하는 회사와의 합작을 통해서 한정판 상품을 출시하거나 소비자를 신제품 개발에 참여시켜서 차별화된 제품을 선보이는 방안을 생각해 보았습니다. 제품 개발에 참여할 소비자를 선발하는 행사를 대대적으로 홍보하고 제품을 개발하는 과정을 일반에 공개하면 신제품에 대한 인지도도 끌어올릴 수 있을 것으로 보입니다.

**사 장** 좋습니다. 구체적인 내용을 보고서로 작성해서 제출하시기 바랍니다.

주력 판촉 기호 고수하다 합작 한정판 출시하다
차별화되다 선발하다 인지도 끌어올리다

어휘 1

| 시장 분석<br>주요 소비층 설정<br>제품 기획 | → | 제품 개발<br>시제품 평가 | → | 가격<br>책정 | → | 판매 전략 수립<br>유통망 구축 | → | 홍보<br>판촉 |
|---|---|---|---|---|---|---|---|---|

- 다음은 신제품을 개발하기 위한 회의의 내용을 정리한 것입니다. (      )에 알맞은 표현을 쓰십시오.

**기획개발부 2차 회의**

1. 합작을 위한 사업 대상을 선정한다.
 - 인기 캐릭터 업체를 대상으로 합작 의사를 알아볼 것

2. ( 보기 시장 분석을 )을/를 한다.
 - 자사 및 경쟁사의 기존 제품의 매출 현황을 파악할 것
 - 매장 조사를 통해서 최근의 소비 동향을 파악할 것

3. 공모전을 진행하여 제품의 디자인과 명칭을 결정한다.
 - ① (                    ) 단계에서 소비자들에게 제품 출시에 대하여 미리 알리는
 ② (                    ) 효과도 노릴 수 있음.

4. 제품을 개발한다.
 - 자세한 내용은 추후에 결정할 것

5. ③ (                    )을/를 한다.
 - 국적별, 성별, 연령별 균형을 고려하여 제품을 시식할 참가자를 모집할 것
 - 참가자들의 호응도를 분석하여 목표 시장을 구체화할 것

6. 판촉
 - 계열사의 전국 매장을 중심으로 ④ (                    )을/를 할 것
 - 1+1 행사, 경품 행사 등을 진행할 것

- 여러분이 알고 있는 성공적인 마케팅 사례가 있습니까? 보기 와 같이 이야기하십시오.

보기

**가** 요즘에는 새벽 시간에 집 문 앞까지 식품을 배송해 주는 서비스를 이용해서 날마다 신선한 아침 식사를 즐기는 사람들이 늘고 있대요.

**나** 아, 그거 맞벌이를 하거나 혼자 사는 친구들이 많이 이용하던데요. 아침에 시간이 없어도 밥을 꼭 챙겨 먹고 출근하려는 직장인들을 주요 소비층으로 설정해서 성공을 거둔 것 같아요.

**가** 맞아요. 그런데 제한된 시간 안에 주문받은 물량을 안전하게 배송하려면 유통망을 잘 구축하는 것이 중요하겠어요.

어휘2

| | |
|---|---|
| 차별화<br>고급화<br>단순화<br>현지화<br>세분화<br>고도화 | 다원화<br>무인화<br>자동화<br>이질화<br>고착화 |

• 다음은 소비 시장의 변화에 대한 글입니다. (　　)에 알맞은 단어를 쓰십시오.

기술과 사회의 발전에 따라 소비 시장의 형태도 급격히 변화하고 있다. 무엇보다 과학이 발달하면서 기술이 ( 보기 고도화 )되었고 그로 인해 인간의 노동 없이 제품의 생산, 유통, 소비가 이루어지는 ① (　　　　　)이/가 진행되었다. 또한 집단을 강조하는 사회 분위기와 획일적인 문화에서 벗어나 개인의 개성과 가치를 존중하는 ② (　　　　　) 사회로 나아가면서 소비자들의 연령, 기호, 생활 방식에 따라 시장도 ③ (　　　　　)되고 있다. 실제로 요즘 젊은 세대들은 자신의 욕구를 빠르게 충족시켜 줄 수 있는 첨단 제품을 능숙하게 사용하며 자신만의 맞춤형 상품을 직접 기획하고 제작하는 데에도 적극적이다. 그러나 소비 시장의 이 같은 변화는 새로운 것을 쉽게 받아들이는 세대와 변화를 거부하는 세대 간의 ④ (　　　　　)을/를 심화시키며 이러한 현상이 장기적으로 진행되어 ⑤ (　　　　　)될 경우 사회 갈등으로 이어질 수 있다. 따라서 제품을 개발하는 기업에서도 빠르고 편한 것만이 정답인지에 대해서 진지하게 고민해 볼 필요가 있다.

• 현대 사회의 변화에 따른 긍정적인 측면과 부정적인 측면이 무엇이라고 생각합니까? 보기 와 같이 이야기하십시오.

보기

**가** 요즘은 곳곳에 다양한 종류의 물건을 파는 자동판매기가 있어서 정말 편리해요.

**나** 어디 그뿐인가요? 식당이나 슈퍼마켓을 가도 무인 계산대가 사람을 대신하고 있잖아요.

**가** 이렇게 상품의 판매 방식이 자동화되고 무인화되면 기업의 입장에서는 인건비를 절약할 수 있다는 장점이 있겠군요.

**나** 하지만 반대로 생각하면 그만큼 일자리가 감소하게 되니까 자연히 소비도 줄어서 경제에 악영향을 미칠 수도 있지요.

## 에 비추어 볼 때

명사에 붙어서 추측이나 판단의 근거로 삼음을 나타낸다.

- 일반적인 상식에 비추어 볼 때 한쪽에 지나치게 불리한 계약 조건은 효력을 가질 수 없도록 해야 한다.
- 평가 기준의 형평성에 비추어 봤을 때 이번 인사 조치는 적절했다고 생각합니다.
- 그 사람의 평소 언행에 비추어 볼 때 최근 문제가 된 막말 논란은 충분히 예상할 수 있었던 일이다.
- 기존의 음주 운전 처벌법도 엄격히 시행되지 않고 있는 현실에 비추어 볼 때 새로 제정될 법률이 실효성이 있을지 의심스럽다.

가 우리 부서는 고객들을 직접 상대하는 일을 하는 것도 아닌데 왜 복장 규제를 하는 건지 모르겠어요.
나 글쎄요. 저는 그 정도 규제라면 사회 통념에 비추어 볼 때 적절한 수준이라고 생각하는데요.

가 이번 사건의 범인이 정당방위로 무죄 선고를 받을 수도 있을까요?
나 유사 사건들의 판결 결과에 비추어 볼 때 정당방위로 인정받지는 못하더라도 가벼운 처벌을 받을 것으로 보입니다.

• 축구 경기의 중계를 앞둔 캐스터와 해설 위원의 대화입니다. 보기 와 같이 이야기하십시오.

| | 근거 | 판단 또는 예측 |
|---|---|---|
| 보기 | 상대와의 전적 | 힘든 싸움이 된다. |
| 1) | 감독의 인터뷰 내용 | 초반부터 강한 공격을 펼치다. |
| 2) | 선수들의 최근 성적 | 최상의 경기를 보여 준다. |
| 3) | 상대 팀의 선수 구성 | 몸싸움에서 유리하다. |
| 4) | 현지의 지리 및 기후 조건 | 선수들의 체력적 부담이 크다. |
| 5) | 주심을 맡은 심판의 성향 | 편파 판정의 가능성이 있다. |

보기

**가** 김 위원님, 오늘 경기가 어떻게 진행될 것으로 예상하십니까?
**나** 먼저 기록 면에서 말씀드리자면 상대와의 **전적에 비추어 볼 때** 양팀 모두에게 힘든 싸움이 될 것으로 예상됩니다.
**가** 그렇다면 우리나라 대표팀 감독이 어떤 전술로 맞설까요?

## 연습해 봅시다

- 여러분이 해외 시장에 진출해서 기업 활동을 할 때 이윤을 최대화하기 위해서 어떤 전략을 선택하는 것이 좋을까요? 보기 와 같이 이야기하십시오.

| 제품 개발 단계 | 고려해야 할 상황 | 선택해야 할 전략 |
|---|---|---|
| 보기 제품 기획 | 우리나라 제품의 해외 주요 소비층은 30~40대 고소득층 여성이라는 시장 분석 결과가 나왔다. | 상품을 고급화하고 한정된 수량만을 판매함으로써 소비 심리를 자극해야 한다. |
| 1) 유통망 구축 | 유가 및 인건비 상승으로 유통 과정에서 발생하는 비용이 증가하고 있다. | 온라인 매장을 통한 직접 판매 비율을 늘려서 유통 과정을 단순화해야 한다. |
| 2) 제품 개발 및 생산 | 전 세계적으로 보호 무역이 확산되고 있으며 국가 간의 외교적 갈등에 따른 위험 요소가 있다. | 현지 회사와의 합작을 통해서 생산 공정을 현지화하여 소비자들이 느끼는 심리적 거리감을 좁혀야 한다. |
| 3) | | |

보기

가 해외 시장을 겨냥한 화장품 브랜드를 **출시한다면** 어떤 부분에 초점을 맞춰 **제품을 기획**하는 것이 좋을까요?

나 해외에서 우리나라 제품을 많이 소비하는 층은 30~40대 고소득층 여성이라는 **시장 분석 결과에 비추어 볼 때** 제품의 원료와 디자인을 **고급화**하는 것이 매출을 **끌어올리는** 데 효과가 있을 것으로 기대됩니다.

가 좋은 생각입니다. 그렇다면 **가격을 책정**할 때에도 고가 전략을 내세워야겠군요.

나 네, 그리고 계절마다 **한정판** 제품을 개발하여 판매하면 소비 심리를 자극하고 브랜드에 대한 충성도도 높일 수 있을 것입니다.

# 2. 기업의 사회 공헌

- 여러분 나라의 기업들은 어떤 사회 공헌 활동을 하고 있습니까?
- 기업이 사회의 발전을 위해서 어떤 역할을 해야 한다고 생각합니까?

**진행자** 그동안 한국전자에서는 다양한 사회 공헌 사업을 벌여 온 것으로 알고 있습니다.

**사　장** 네, 저희 회사에서는 사회 공헌 활동의 일환으로 국제 비정부 기구와 협력하여 난민 구호 사업을 지원하고 있으며 직원들의 사내 봉사 동호회 활동을 적극적으로 장려하고 있습니다. 뿐만 아니라 제품 생산 과정에서도 공정 무역을 통한 원료 수입 비중을 확대해 나가고 있습니다.

**진행자** 하지만 일각에서는 이를 두고 기업의 사회적 위상과 이미지를 제고하기 위한 수단이라며 곱지 않은 시선을 보내기도 하는데요.

**사　장** 이윤 창출을 우선시하는 기업의 입장에서 그런 효과를 전혀 기대하지 않은 건 아닙니다. 하지만 저희가 이런 일들을 하는 것은 기본적으로 모두가 잘 사는 사회를 만들고자 하는 취지에서 비롯되었음을 알아주셨으면 합니다.

**진행자** 사회 공헌 사업과 관련된 향후 계획에 대해서 말씀해 주시겠습니까?

**사　장** 저희의 장기적인 목표는 경제적인 어려움으로 학업을 이어 가기 어려운 학생들을 위한 장학 재단을 설립하는 것입니다. 이를 실현하기 위해 회사 수익의 일부를 모아서 기금을 조성해 나갈 계획입니다.

공헌　일환　구호　공정 무역　일각　위상
제고하다　이윤　취지　비롯되다　향후　기금

어휘1

| 공헌 대상 | 활동 내용 |
| --- | --- |
| 교육 분야 | 장학 재단 설립, 도서관 건립, 청소년 진로 상담 |
| 지역 사회 | 정보화 교육, 환경 정비 사업 |
| 취약 계층 | 결식아동 및 독거노인 후원 |
| 국제 사회 | 난민 돕기, 선진 기술 전수, 물자 지원 |

• 다음은 어느 기업의 사보에 실린 기사입니다. (　　)에 알맞은 표현을 쓰십시오.

## 월간소식

지난 2일 전자사업부에서는 여름철을 맞아서 에너지 ( 보기 취약 계층 ) 200여 가구에 얼마 전 새로 출시된 스마트 선풍기를 전달했다. 또한 11일에는 직원 30명이 강원도 산간 마을을 직접 방문하여 지역 주민들에게 최신 컴퓨터를 선물하고 사용법을 가르쳐 주는 ① (　　　　　　)을/를 실시하였다.

우리 회사의 봉사 활동 동호회인 '나누미'가 지난 4일 ② (　　　　　　) 50분을 모시고 효도 콘서트를 열었다. 사원들이 직접 준비한 공연을 보며 어르신들께서 매우 즐거워하셨다고 전해진다. 올 28일에는 각급 학교가 방학에 들어가면서 급식을 지원받기 어려워진 ③ (　　　　　　)을/를 위해서 사랑의 도시락 배달을 할 예정이다.

7일에는 해외 기술 봉사단 '블루이글스'의 출정식이 있었다. 기술직 사원들 23명으로 구성된 봉사단은 개발 도상국 5곳의 산업체에 파견되어서 ④ (　　　　　　)에 나선다.

사회공헌팀에서는 다음 달부터 인근 지역의 중·고등학교와 결연을 맺고 학생들을 1:1로 멘토링해 주는 ⑤ (　　　　　　) 프로그램을 진행할 계획이다. 참가 신청은 이번 달 31일까지이며 사회공헌팀 홈페이지에서 온라인으로 신청할 수 있다.

• 여러분이 회사에 입사한다면 어떤 사회 공헌 활동에 참여하고 싶습니까? 보기 와 같이 이야기하십시오.

보기

**가** 너는 학교 봉사 동아리에서 꾸준히 활동하고 있는데 졸업한 후에도 계속 봉사 활동을 할 거야?

**나** 응, 나는 건설 회사에서 일하는 게 꿈이니까 주거 환경이 열악한 지역을 찾아가서 주택의 보수나 개량 공사를 하는 **환경 정비** 사업에 참여하고 싶어.

**가** 멋진 계획이다. 나는 기업 산하 **장학 재단**에 들어가서 가정 형편이 어려운 학생들을 후원하는 사업과 관련된 일을 해 보고 싶어.

어휘2

| 구호 | 구제 |
|---|---|
| 구조 | 구휼 |
| 구원 | 구명 |

• 다음은 조선 시대의 한 관리에 대한 이야기입니다. (　　)에 알맞은 단어를 쓰십시오.

그는 흉년으로 먹을 것이 없어서 백성들이 고통받을 때 자신의 곳간을 열어서 ( 보기 구휼 )에 힘썼다. 뿐만 아니라 생계를 유지하기 위해 어쩔 수 없이 범죄를 저질렀거나 세금을 제때 내지 못해서 잡혀간 죄인들을 ① (　　　　)하기 위한 법적 장치를 마련하고자 하였다. 또한 화재가 났을 때 위험에 처한 사람들을 ② (　　　　)하는 일을 담당하는 관아를 설치할 것을 주장하였다. 그리고 경기도 관찰사로 재임하던 시기에는 관내에서 수해가 발생하자 직접 수해 지역을 찾아가서 백성들에게 약품과 식량을 나눠 주고 부상자들을 치료하는 등 ③ (　　　　) 활동에 앞장서기도 하였다. 이에 많은 백성들이 그를 존경하고 우러러보았으며 자신들을 ④ (　　　　)해 주는 수호신과 같은 존재라고 여겼다. 그리하여 그가 역모를 일으켰다는 누명을 쓰고 사형 선고를 받았을 때 백성과 대신들이 적극적으로 ⑤ (　　　　) 운동을 펼치기도 했다.

• 여러분이 알고 있는 사람 중 어려운 상황에 처한 이들을 돕기 위해서 자신을 희생한 인물이 있습니까? 보기 와 같이 이야기하십시오.

보기

**가** 어제 고 이태석 신부님의 기일을 맞아서 추도식이 열렸다는 뉴스를 봤어요.

**나** 아, 의대를 졸업한 후에 성직자가 되어서 톤즈라는 아프리카 오지 마을에서 의료 구호 활동을 하셨던 분 말이지요? 정작 자신의 건강은 돌보지 못하고 암으로 돌아가셔서 많은 이들이 안타까워했던 기억이 나요.

**가** 이태석 신부님처럼 이름이 알려진 분들만 훌륭한 일을 하는 건 아니에요. 얼마 전 여객선이 침몰하는 사고가 났을 때 생업을 제쳐 두고 실종자들을 구조하는 데 앞장선 수십 명의 어부들도 존경받아 마땅한 분들이죠.

**나** 맞아요. 그런 분들이 계셔서 우리 사회가 여전히 따뜻하고 아름다운 거라고 생각해요.

## -어/아/여 나가다

동사에 붙어서 앞의 행위가 계속 진행됨을 나타낸다.

- 우리 팀은 경기 초반부터 상대와의 점수 차를 벌리며 앞서 나갔다.
- 국내 증시는 잇따른 호재로 어제까지 열흘 연속 오름세를 이어 나갔다.
- 새로 출범한 정부는 국가적 위기 상황을 헤쳐 나가야 할 과제를 안고 있다.
- 박준호 감독이 신작 '봄날'로 국제 영화제에서 작품상과 감독상을 수상하며 한국 영화의 새로운 역사를 써 나가고 있다.

가 박 대리가 지난주에 퇴사했대요.
나 그래? 유능한 직원이라서 앞으로 우리 회사를 이끌어 나갈 인재가 될 거라고 생각했는데 아쉽군.

가 흐엉 씨는 국제결혼을 하셨는데 신혼 초에 문화 차이로 힘들었던 적은 없나요?
나 당연히 있었죠. 하지만 소통과 배려를 통해 서로 간의 차이를 점차 극복해 나갈 수 있었어요.

- 어느 도시의 시장이 시 운영 정책과 관련하여 기자 회견을 하고 있습니다. 보기 와 같이 이야기하십시오.

| 분야 | 문제점 | 대책 |
|---|---|---|
| 보기 환경 | 미세 먼지로 인한 피해가 심각하다. | 환경 전문가에게 자문을 구하여 실효성이 있는 대책을 마련하겠다. |
| 1) 복지 | 복지 혜택의 사각지대에 놓인 계층이 많다. | 저소득층과 실업자들을 대상으로 지원금의 수혜 범위를 넓히겠다. |
| 2) 고용 | 갈수록 실업률이 높아진다. | 공공 기관을 중심으로 고용을 늘려 일자리를 만들겠다. |
| 3) 부동산 | 주택 가격이 계속해서 상승하고 있다. | 투기성 거래를 막기 위해서 각종 규제를 강화하겠다. |
| 4) 교육 | 학부모들의 사교육비 부담이 크다. | 시 주도로 동영상 강의를 제작, 배포하고 공부방 지원을 늘리겠다. |
| 5) 교통 | 버스와 지하철 차량이 노후되어 사고의 위험이 높다. | 운수 업체 및 교통공사와 협력하여 노후 차량을 단계별로 교체하겠다. |

보기

가 요즘 미세 먼지가 시민들의 건강을 심각하게 위협하고 있는데요. 이 문제를 어떻게 해결하실 생각입니까?
나 현재도 미세 먼지 수치가 위험 수준에 이르면 기준에 따라 조치를 취하고 있습니다만 효과가 없다는 지적이 많았습니다. 따라서 앞으로는 환경 전문가들에게 자문을 구해서 좀 더 실효성이 있는 대책을 **마련해 나가겠습니다.**
가 잘 알겠습니다. 그리고 복지 분야에 있어서도 정책이 미흡해서 혜택의 사각지대에 놓인 계층들이 있다는 이야기가 나오고 있습니다.

# 연습해 봅시다

• 기업이 사회의 안녕과 발전을 위해서 어떤 일을 할 수 있을까요? 보기 와 같이 이야기하십시오.

| 사회 공헌 분야 | 즉각적으로 실행할 수 있는 일 | 장기적으로 추진해야 할 일 |
|---|---|---|
| 보기 취약 계층 | 결식아동 및 독거노인 등 사회적 취약 계층을 경제적으로 후원한다. | 재해나 질병, 법률적 피해로부터 구제할 수 있는 사회 안전망을 확충한다. |
| 1) 국제 사회 | 난민들을 대상으로 물자를 지원하고 구호 활동을 벌인다. | 선진 기술 전수를 통하여 생활 환경을 근본적으로 개선한다. |
| 2) 환경 | 지구 온난화와 환경 오염으로 위기에 처한 동물들을 구조하고 보호한다. | 제품의 생산, 유통, 판매 과정에서 환경 오염을 최소화할 수 있는 방안을 적극적으로 실천한다. |
| 3) | | |

보기

**가** 우리 회사에서 사회의 발전에 공헌하기 위해서 어떤 일을 할 수 있을까요?

**나** 먼저 우리 주변에서 도움의 손길을 필요로 하는 **결식아동**이나 **독거노인** 같은 **취약 계층**을 경제적으로 후원하는 방법이 있겠지요. 하지만 이건 당장의 어려움만을 해결해 줄 수 있는 임시방편일 뿐이에요.

**가** 그렇다면 장기적으로는 사회 빈곤층이 재해를 당하거나 병에 걸렸을 때 혹은 법률적으로 부당한 일을 겪었을 때 이를 **구제**할 수 있는 사회 안전망을 **확충해 나가야겠군요.**

**나** 네, 그건 정부가 주도적으로 추진해야 할 일이지만 기업의 경제적 지원이 절대적으로 필요하다고 봐요.

## 복습

## 1 알맞은 단어를 골라서 (　　)에 쓰십시오.

고수　공정 무역　차별화　출시　취약 계층　취지　한정판　현지화　합작

최근 젊은 세대를 중심으로 윤리적 소비를 하는 사람들이 크게 늘고 있다. 이들은 사회적 약자를 보호하고자 하는 ❶ (　　　　　　)에서 가격이 조금 비싸더라도 ❷ (　　　　　　) 제품을 구매한다. 얼마 전에는 손님이 빵 한 개를 두 개 가격에 사면 ❸ (　　　　　　)에게 동일한 제품 하나를 후원해 주는 빵집이 문을 열었는데 좋은 반응을 얻고 있다. 또 높아진 환경 보호 의식도 소비의 흐름을 바꾸었다. 한 유통 업체에서는 유명 화가와 ❹ (　　　　　　)해서 일반 가방처럼 예쁜 장바구니를 ❺ (　　　　　　)했다. 이 제품은 디자인도 기존 제품들과 ❻ (　　　　　　)될 뿐만 아니라 물기가 있는 여러 가지 음식물을 따로따로 나누어 담을 수 있도록 실용적으로 만들어졌다는 장점을 가지고 있다. 원래 1,000개만 생산하여 ❼ (　　　　　　)으로/로 판매할 계획이었는데 판매량이 늘어서 추가 주문이 끊이지 않고 있다고 한다.

## 2 다음 문법을 사용하여 이야기를 완성하십시오.

에 비추어 볼 때　　-어 나가다

**가** 요즘 계산대에 사람을 두지 않고 기계를 사용해서 고객들이 직접 결제하도록 하는 가게나 식당들이 늘고 있더군요.

**나** 네, ❶ ____________________ (현재의 추세) 몇 년 안에 많은 상점들이 상품을 계산하는 직원을 기계나 결제 애플리케이션으로 대체할 것으로 보입니다.

**가** 그렇다면 우리 회사에서도 규모가 큰 매장부터 무인화를 단계적으로 ❷ ____________________ (진행하다) 도록 합시다.

7과

# 경제와 사회

## 01 투자와 창업

대화 어휘 고용, 대폭, 취득하다, 폐지되다, 활성화하다, 수월하다, 길이 열리다, 문턱이 낮다

확장 어휘 경진 대회, 사업 타당성, 수지, 전략 수립, 조달, 통찰력, 참신하다, 획기적이다, 갈 길이 멀다, 문턱에서 주저앉다, 문턱을 넘다, 문턱이 닳도록 드나들다, 문턱이 높다

문법 -는다는 점에서

## 02 국내외 경제 전망

대화 어휘 국면, 여파, 재도약, 체감, 침체, 둔화되다, 위축되다, 접어들다, 주춤하다

확장 어휘 공급 과잉, 무역 분쟁, 시장 경쟁 심화, 재교육, 재수강, 재입학, 재조명, 재해석, 중장기 투자, 혁신

문법 -는 가운데

# 1. 투자와 창업

MP3 / 13

## 대학생들이 희망하는 창업 업종

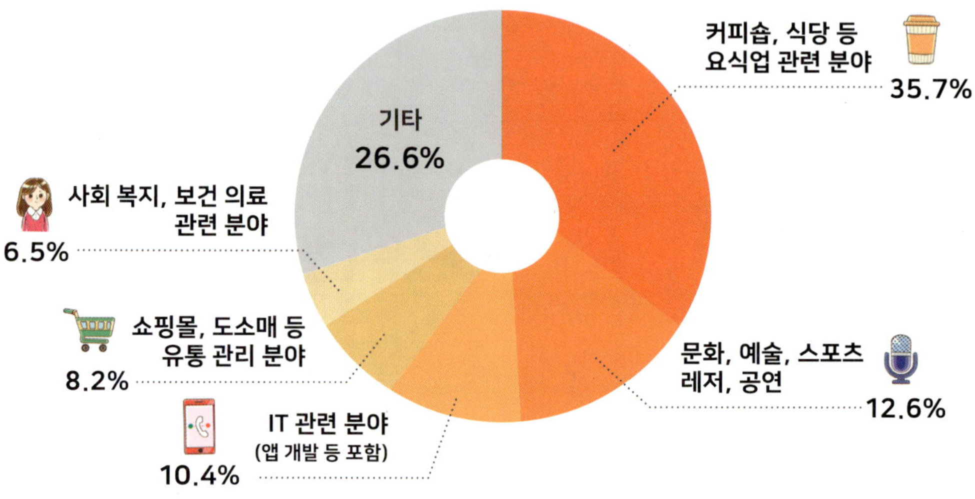


- 여러분은 어떤 창업이나 투자를 하고 싶습니까?
- 사업이나 투자를 하려면 어떤 준비를 해야 합니까?

**뉴스 진행자** 법무부가 외국인들의 국내 투자와 창업을 활성화하기 위해서 외국인에 대한 비자 규제를 대폭 완화했습니다. 이번에 법이 개정됨으로써 외국인 투자 기업이 본국으로부터 임원이나 관리자를 파견 받기가 더 수월해질 것으로 전망됩니다. 서승혜 기자가 법무부에 나가 있습니다.

**기 자** 국내에서 투자를 하거나 창업을 하려는 외국인들이 비자를 받을 수 있는 문턱이 낮아졌습니다. 예비 창업 비자를 취득하기 위한 학력 요건도 사실상 폐지됐습니다. 기존에는 국내외 학사 이상의 학위 소지자로 자격이 제한됐지만 이제는 창업 이민 센터가 인정하는 기술력을 가진 외국인이라면 학위를 제시할 필요가 없습니다. 그리고 비자를 발급받을 수 있는 외국인 투자 금액도 기존 5억 원 이상에서 3억 원 이상으로 낮아졌습니다. 그리고 국내외 투자 전문 회사로부터 1억 원 이상의 투자를 유치한 외국인 창업자가 기술 창업 비자를 받을 수 있는 길도 새로 열렸습니다. 이번 외국인 비자 규제 완화가 고용을 창출할 수 있다는 점에서 국내 경제의 활성화에도 크게 기여할 것으로 기대됩니다.

활성화하다 대폭 수월하다 문턱이 낮다 취득하다 폐지되다 길이 열리다 고용

어휘1

| 창업의 핵심 요소 | 구체적인 내용 |
|---|---|
| 청년 사업가로서의 기업가 정신 | · 뚜렷한 창업 목적과 목표<br>· 전문성, 통찰력 |
| 창업 아이템 선정 | · 참신하고 획기적인 아이템<br>· 시장성과 수익성이 있는 아이템 |
| 사업 타당성 분석과 창업 전략 수립 | · 사업 수행 능력과 전문적인 기술성 분석<br>· 수익 모델, 자금 조달 방법, 자금 수지 분석 |
| 경영 자금 | · 창업 자금 확보<br>· 창업 지원 제도, 공모전, 창업 경진 대회 등 활용 |

• 다음은 청년 창업에 관한 강연의 일부입니다. (　　)에 알맞은 표현을 쓰십시오.

**강연자** 창업을 하고자 결심했다면 우선 창업의 목적과 목표를 뚜렷하게 세우고 청년 사업가로서의 ( 보기 기업가 정신을 )을/를 갖추어야 합니다. 창업 관련 교육과 다양한 정부 지원 프로그램을 활용하여 전문성을 키우고 시장의 흐름을 파악할 수 있는 ❶ (　　　　　　　) 등 자신의 역량을 길러야 합니다. 다음으로 남들이 생각하지 못하는 참신하고 ❷ (　　　　　　　)인 아이템이 있어야 하지요. 그와 더불어 중요한 것이 아이템의 ❸ (　　　　　　　)과/와 수익성입니다. 적절한 아이템을 선정하기 위해서는 철저한 분석이 필요합니다. 아이템을 선정했다면 사업 타당성을 분석하고 창업 ❹ (　　　　　　　)을/를 수립해야 합니다. 마지막으로는 청년 창업자에게 있어서 가장 큰 장애물은 창업 ❺ (　　　　　　　) 확보일 것입니다. 창업 자금을 확보하기 위한 방법으로는 중소기업청 혹은 정부, 벤처기업 등의 다양한 창업 지원 제도를 활용하는 것인데 우수한 기술력과 사업성을 인정받을 경우에 지원을 받을 수 있습니다.

• 창업을 할 때 무엇이 가장 중요하다고 생각합니까? 보기 와 같이 이야기하십시오.

보기

**가** 요즘 **창업**을 생각하고 있는데 결정해야 할 것이 보통 많은 게 아니에요. 관심을 가지고 있는 분야가 좋을지 남들보다 잘 알고 잘할 수 있는 분야가 좋을지 판단이 서지를 않아요.

**나** 창업, 스타트업(Start-up)은 말 그대로 창업가가 아이디어를 바탕으로 새로운 활동을 시작하는 것을 의미하니까 창업을 하기 위해서는 뚜렷한 목표를 세우고 그에 맞는 업종과 아이템을 먼저 **선정**해야 해요. 무엇보다 **참신하고 획기적인** 아이템을 선정하는 것이 가장 중요한 것 같아요.

어휘2

| 문턱 | 길 |
|---|---|
| 문턱에 서 있다<br>문턱이 낮다<br>문턱이 높다<br>문턱이 닳도록 드나들다<br>문턱에서 주저앉다<br>문턱을 넘다 | 길이 열리다<br>갈 길이 멀다<br>갈 길이 바쁘다<br>길을 닦다 |

• 연예 기사의 일부입니다. (  )에 알맞은 표현을 쓰십시오.

**역시 우승의 ( 보기 문턱은 높았다 )~~였다/았다/였다.~~**

강미선은 지난 18일 방송된 '최고의 트로트'에서 혼신을 다했으나 최종 10인에 들지 못하고 탈락했다. 예선부터 본선 3차까지 줄곧 좋은 점수로 달려왔지만 결승전으로 갈 10인을 가리는 준결승전의 ① (        )고 말았다. 19일 한 인터뷰에서 강미선은 최선을 다했기 때문에 아쉬움은 크지 않다며 트로트 가수로서의 ② (        )는/은/ㄴ 것에 만족한다고 했다.

강미선은 지난 10년간 발라드 가수로 활동했다. 그동안 가끔씩 트로트를 부를 때 관객들이 떼창과 환호를 보내 주는 것을 경험하고 트로트로 장르를 바꿀까 생각한 적이 있었다고 한다. 하지만 트로트 장르의 ③ (        )을/ㄹ 것 같아서 망설이고 있던 차에 이번 오디션 프로그램 소식을 듣게 되었다. 그래서 큰맘 먹고 장르를 트로트로 바꾸고 참가하게 되었는데 대회 초반에 심사 위원들이 자신에게 트로트 창법이 거의 없는 것 같다고 한 말에 연습실의 ④ (        )으면서/면서 연습을 반복했다고 한다. 강미선은 트로트 가수로서 아직 ⑤ (        )지만 대중에게 인정받을 수 있도록 트로트 가수로서 다양한 무대에서 지속적으로 활동을 벌일 계획이라고 했다.

• 여러분이 세운 목표를 이루어 가는 과정에 대해서 보기와 같이 이야기하십시오.

보기

**가** 내년에 연기예술학과나 연극영화과에 지원하려고 하는데 실기 시험이 걱정이야. 연기력도 연기력이지만 아직도 한국어 발음이 자연스럽지 않아서 말이야.

**나** 다른 선배도 발음 때문에 많이 고생했잖아. 정말 입술이 부르트도록 연습했대. 연기예술학과나 연극영화과는 워낙 **문턱이 높잖아.** 요즘은 연기를 전공하려는 사람이 많아서 기본적인 연기력은 다 갖추고 오니까 작은 약점이라도 있으면 합격의 **문턱을 넘기**가 어렵다고 하더라고.

## -는다는/ㄴ다는/다는 점에서

동사나 형용사에 붙어서 어떤 주제에 대해 앞 문장에서 기준, 근거를 제시하거나 범위를 제한하고 뒤 문장에서 평가를 내리거나 사실을 말할 때 쓴다.

- 이 치료법은 피부에 상처가 거의 남지 않는다는 점에서 여성들에게 인기가 많다.
- 두 사람은 동물을 사랑한다는 점에서 공통점이 있다.
- 관심 있는 회사에 가서 미리 실무 지식들을 배울 수 있다는 점에서 인턴십 제도가 유용성이 있다고 생각합니다.
- 두 방식 모두 인권을 고려하지 않고 있다는 점에서 다르지 않다고 봐요.

가 이 공기 청정기를 창문에 설치하면 어떤 점이 좋아요?
나 환기하려고 창문을 열지 않아도 실내 공기를 깨끗한 상태로 유지할 수 있다는 점에서 매력이 있습니다.

가 경제 발전을 위해서는 소득의 양극화부터 극복해야 합니다.
나 옳은 말씀이십니다. 우리 경제에 존재하는 양극화는 사회 통합을 저해한다는 점에서도 심각한 문제라고 봅니다.

- '사형 제도의 폐지'를 주제로 토론회를 한다면 여러분은 어떤 발언을 하겠습니까? 보기 와 같이 이야기하십시오.

| 쟁점 | 폐지 찬성 | 폐지 반대 |
|---|---|---|
| 인권 | 보기 인간의 존엄과 가치의 근원인 생명권을 박탈하는 비인도적 행위이다. | 1) 타인의 생명권을 존중하는 경우에만 자신의 생명권도 존중받을 수 있다. |
| 범죄율 | 2) 범죄자는 자신이 처벌받을 것을 예상하고 범죄를 저지르지 않는다. 죽음에 대한 위협이 범죄자들의 행동에 영향을 미치지 않는다. | 범죄 억제와 예방에 효과가 있다. |
| 오판 가능성 | 3) 오판에 의해서 억울하게 죽는 경우가 있었다. 명확한 증거에 의해서 판결을 내리는 것도 매우 중요하다. | 4) 오판의 책임은 사형 제도가 아니라 재판 과정에 있다. 오판은 극히 예외적인 경우이다. |
| 경제적 측면 | 사형을 집행하기까지 여러 과정에서 발생하는 비용도 만만치 않다. | 5) 무기수를 관리하는 데 드는 돈이 어마어마하다. 그 정도의 돈이라면 몸이 불편한 사람들과 서민들을 도울 수 있다. |

보기

가 한국은 1997년 이후 사형이 집행되지 않았다고 해요. 사형 제도가 있기는 하지만 실질적인 사형 폐지 국가라고 할 수 있지요. 사형 제도 폐지 특별 법안도 발의되어서 사형 제도 폐지에 대한 공감대가 형성되어 있는 상황이고요. 사형 제도 폐지에 대해서 어떻게 생각하세요?
나 사형 제도는 폐지되어야 한다고 생각해요. 먼저 인간의 생명권이나 인권 측면에서 볼 때 사형은 인간의 존엄과 가치의 근원인 생명권을 박탈하는 비인도적인 **행위라는 점에서** 문제가 있다고 봐요.

# 연습해 봅시다

• 다음의 창업 준비 10단계 중 하나를 골라서 보기 와 같이 이야기하십시오.

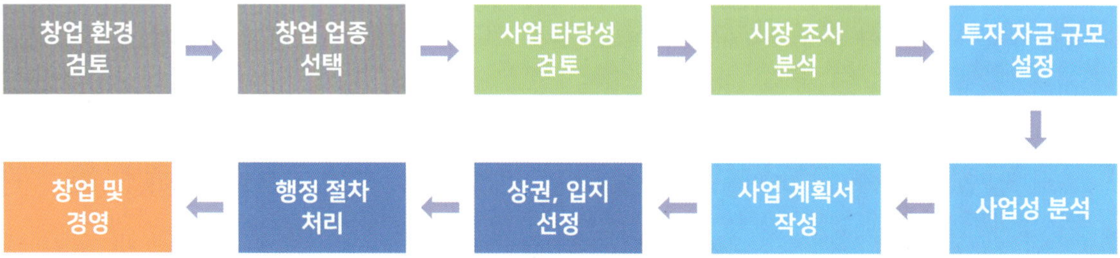


< 창업 준비 10단계 >

| 단계 | 내용 |
|---|---|
| 보기 사업 타당성 검토 | 창업 아이템의 상품성, 시장성, 안전성, 성장성 등을 상세하게 분석한다. 이 사업을 계속 진행해도 되는가를 확인하는 단계이다. |
| 1) 투자 자금 규모 설정 | 자금 조달 계획과 규모, 자금의 용도 등을 세부적으로 계획한다. 어디서 어떻게 자금을 조달하고 무엇을 위해서 사용할지를 세부적으로 계획하는 단계이다. |
| 2) 사업 계획서 작성 | 성공적인 창업을 위해서 조사하고 분석한 자료와 향후의 운영 계획을 문서로 정리해서 확인하는 것이 필수적이다. 창업의 안내자 역할을 한다. |
| 3) | |

보기

**가** 창업 지원 제도가 잘되어 있다고 하니 저도 창업을 해 보고 싶어요. 사업 계획서 작성을 제대로 하려면 이전의 단계들을 제대로 밟아야 할 것 같아요.

**나** 맞아요. 창업 환경을 검토하고 창업 업종을 선택했으면 그 업종으로 사업 타당성을 검토해야 해요. 창업 아이템의 상품성, 시장성, 안전성, 성장성 등을 상세하게 분석해서 이 사업을 진행하는 것이 과연 타당한가를 확인하는 **단계라는 점에서** 중요한 의미가 있어요.

MP3 / 14

# 2. 국내외 경제 전망

### 현재 경제 상황을 어떻게 보나

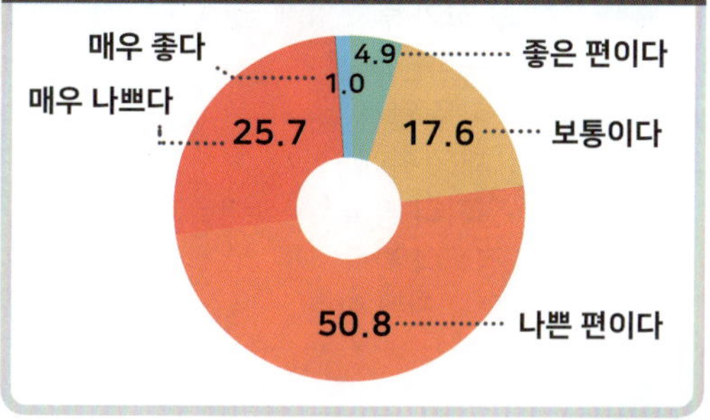


### 경제 상황이 안 좋은 이유는

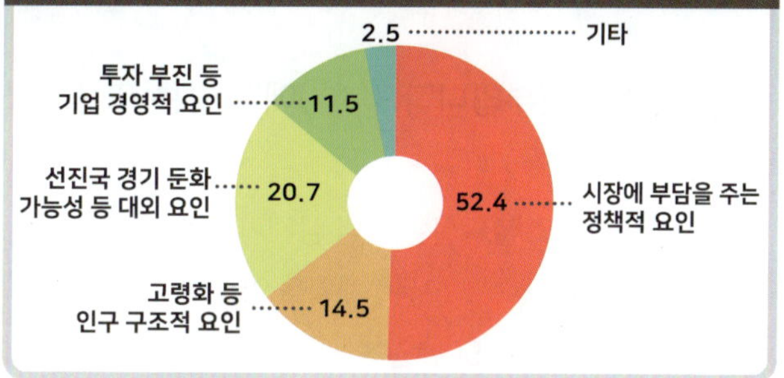


- 최근에 본 경제 관련 기사는 어떤 내용이었습니까?
- 경제 상황에 영향을 주는 것은 무엇이라고 생각합니까?

**토론 진행자** 지난해에 회복세를 보였던 세계 경제가 올 들어서 다른 모습을 보이고 있습니다. 주요 선진국들의 생산성이 둔화되고 경제 심리가 위축되는 등 상승세가 주춤한 모습입니다. 주요 경제 연구소들은 세계 경제 성장률이 올해 3.8%에서 내년에 3.5%로 낮아질 거라는 전망을 내놓았습니다. 이쯤 되면 국내 경기에도 좋지 않은 영향을 미치지 않을까 싶습니다. 김 소장님께서는 어떻게 생각하십니까?

**김 소장** 국내 경제는 올해부터 하향세로 돌아설 것으로 보입니다. 지난해 하반기부터 내수 시장은 성장세가 둔화되고 있는 가운데 고용 증가세가 거의 멈추면서 체감 경기가 이미 악화되고 있습니다. 실제로 국내 반도체 산업은 성장 추진력이 약화되면서 투자 활력이 떨어지고 있습니다. 세계 시장에서 반도체 수요가 줄면서 가격이 하락하고 그 여파로 기업들이 설비 투자를 늘리지 않고 공장을 제대로 가동시키지 못하는 상태로 이어진 것입니다. 재도약을 위한 정부의 특별 대책이 나오지 않는다면 내수 시장이 장기적인 침체 국면에 접어들 가능성이 큽니다.

둔화되다 위축되다 주춤하다 체감 여파 재도약 침체 국면 접어들다

## 어휘1

| | |
|---|---|
| 경기 침체<br>공급 과잉<br>수요 둔화<br>실적 감소<br>시장 경쟁 심화<br>무역 분쟁 | 경제 활성화<br>중장기 투자<br>지속적인 혁신<br>고용 안정<br>채용 확대<br>일자리 창출<br>경쟁력 획득<br>성장 추진력 확보 |

- 경제 뉴스의 일부입니다. (  )에 알맞은 표현을 쓰십시오.

**기자** 회사의 불확실한 경영 상태가 지속되는 상황에서 이영수 부회장이 대규모 중장기 투자와 ( 보기 고용 ) 계획을 약속대로 추진하겠다고 다시 한 번 강조했습니다. 이 부회장은 지난 50년간 회사 운영의 지속적인 ① (   )을/를 가능하게 한 원동력은 어려운 시기에도 중단하지 않았던 투자라고 말했습니다. 또한 작년에 발표했던 3년간 180조 원 투자와 4만 명 ② (   ) 확대를 흔들림 없이 추진해서 양질의 일자리를 ③ (   )하고 경제 활성화에도 기여하겠다고 했습니다. 이어서 이 부회장은 최근 메모리 반도체의 수요가 ④ (   )되고 디스플레이 시장의 경쟁이 ⑤ (   )되어 실적이 감소되었음을 언급했습니다. 이와 함께 감히 누구도 쉽게 넘볼 수 없는 초격차 전략을 차질 없이 추진할 것을 직원들에게 당부했습니다.

- 최근에 들은 경제 뉴스 내용과 관련하여 보기 와 같이 이야기하십시오.

보기

**가** 요즘 주식 시장은 어때? 그동안 아껴 썼더니 종잣돈이 좀 모여서 주식을 사 볼까 하는데 추천할 만한 종목이 있어?

**나** 요즘 **무역 분쟁**으로 주식 투자 분위기에 한파가 몰아닥쳤다고 뉴스에서 연일 보도하고 있는데 신기하게도 반도체 소재와 관련된 회사들의 주가는 여전히 상승세래. 그래서 나는 다른 주식은 다 팔고 전자 업종 주식은 아직 보유 중이야. 너도 **중장기 투자**에 관심이 있으면 사 봐.

어휘2

| 재점화 | 재조명 |
|---|---|
| 재교육 | 재입학 |
| 재수강 | 재시도 |
| 재취업 | 재도약 |
| 재충전 | 재해석 |

- 최근에 다시 불붙고 있는 코딩 교육에 대한 신문 기사의 일부입니다. (　　)에 알맞은 표현을 쓰십시오.

4차 산업 혁명 시대에 접어들면서 컴퓨터 코딩 교육이 ( 보기 재조명 )되고 있다. 학습자가 컴퓨터 프로그램을 만드는 과정에서 여러 차례 실패와 ① (　　　　)을/를 통해서 문제 해결 능력뿐만 아니라 논리적인 사고력과 창의력까지 향상시킬 수 있다는 것이 알려졌기 때문이다. 또한 코딩 교육이 의무화될 거라는 발표 이후 중·고등학생들 중에 예전에 배웠던 코딩 교육 과정을 ② (　　　　)하는 학생들이 늘어나고 있다.

코딩 능력은 실제로 업무를 수행하는 데 도움이 되기 때문에 직장인들에게도 필수적인 업무 능력으로 인식되고 있다. 이를 반영하듯 기업체에서는 업무 효율성을 높이기 위해서 ③ (　　　　) 차원으로 직원들에게 코딩 교육 강좌를 제공하고 있다. 취업을 앞둔 대학생들과 ④ (　　　　)의 기회를 잡으려는 실직자들도 컴퓨터 학원의 문을 두드리고 있다.

- 여러분의 인생을 위해서 하고 싶은 일이 있습니까? 아니면 다시 하기 위해서 시도한 경험이 있습니까? 보기 와 같이 이야기하십시오.

보기

가 제주에서 2주간 살아 보려고 해요. **재충전**과 **재도약**을 위해서요. 그동안 열심히 살아온 제 자신에게 주는 선물이에요. 이번에는 관광이 목적이 아니라서 숙소 고르는 데 신경을 더 쓰고 있어요.

나 와, 멋져요. 저도 방학에 제주도에 갔다 왔는데 정말 좋았어요. 그야말로 '한국의 보물섬'이라는 표현이 딱 맞던데요. 여러모로 저를 돌아볼 수 있는 시간이었어요.

## -는/은/ㄴ 가운데

동사에 붙어서 앞 문장의 내용이 진행되는 중에 그것을 배경으로 뒤 문장의 내용이 일어날 때 쓴다.

- 폭우가 쏟아지는 가운데 공연이 계속되었다.
- 하객들이 박수를 치는 가운데 신랑이 입장을 했다.
- 경기 불황이 장기화되는 가운데 자영업자들의 어려움이 커지고 있다.
- 주민 80여 명이 참석한 가운데 문화 센터 준공식이 시작되었다.

가 어제 뉴스 봤어요? 연쇄 살인범의 얼굴이 공개되었다면서요?
나 네, 취재진과 시민들의 시선이 집중된 가운데 범인의 얼굴이 공개되었어요.

가 양 기자님, 오늘 생생전자의 주가는 어떻습니까?
나 대부분의 종목이 오름세를 보이는 가운데 생생전자의 주가만 약세를 보이고 있습니다.

- 연예인의 결혼식을 취재한 상황에 대해서 보기 와 같이 이야기하십시오.

| | 상황 | 일어난 일 |
|---|---|---|
| 보기 | 가족과 친척, 가까운 지인들만 참석했다. | 비공개로 치러졌다. |
| 1) | 하객들이 일어나서 박수를 쳤다. | 양가 부모님이 함께 입장했다. |
| 2) | 친구들이 축가를 불렀다. | 신랑과 신부가 입장을 했다. |
| 3) | 하객들이 지켜보았다 | 신랑 신부가 혼인 서약서를 읽었다. |
| 4) | 아름다운 현악 3중주가 연주되었다. | 신랑과 신부와 하객들이 사진을 찍었다. |
| 5) | 막바지 장마로 비가 오락가락했다. | 신랑 신부가 신혼여행을 떠났다. |

보기

**가** 연예인 결혼식에 다녀왔어요. 원래 결혼식장에 기자 출입이 안 되는데 촬영을 하지 않는다는 조건으로 입장할 수 있었어요. 기사를 써야 하니까 몇몇 기자들이 카메라맨 없이 혼자 왔더라고요.
**나** 연예인의 결혼식이라서 하객들 중에 유명한 사람들도 많았겠네요.
**가** 아니에요. 신랑, 신부가 작고 검소한 결혼식을 하겠다고 하객을 많이 초대하지 않았어요. 가족, 친척, 가까운 지인들만 **참석한 가운데** 비공개로 치러졌어요.

# 연습해 봅시다

• 국내외의 경제 전망에 대해서 어떻게 생각합니까? 보기 와 같이 이야기하십시오.

| | 전망 | 관련 내용 |
|---|---|---|
| 보기 | 구조적 장기 침체 | - 사회의 고령화가 가속화됨.<br>- 중장년층의 소비 부진이 장기화됨.<br>- 기업의 투자가 위축됨. |
| 1) | 반도체 시장 성장 둔화 | - 수출과 투자 측면에서 반도체에 대한 의존도가 높음.<br>- 세계 반도체 시장의 성장이 둔화됨.<br>- 새로운 산업을 모색할 필요가 있음. |
| 2) | 기업의 해외 투자 증가 | - 국내의 시간당 임금이 상승함.<br>- 국내는 기업 활동에 대한 규제가 심함.<br>- 국내 기업에 대한 법인세율이 인상됨. |
| 3) | | |

보기

**가** 오이시디(OECD)를 비롯한 경제 관련 기관에서 내년 한국의 경제 성장률을 지난해보다 낮게 예상했대요. **경기 침체**가 지속될 전망이라고 해요.

**나** 그러게요. 이렇게 사회의 고령화가 **가속화되는 가운데** 중장년층의 소비도 줄고 있으니 걱정이에요. 소비 부진이 장기화되면 기업들의 **실적 감소**로 투자가 위축될 수도 있어요. 재투자가 되어야 **경제가 활성화**될 텐데 악순환이네요.

# 복습

## 1 알맞은 단어를 골라서 (　　)에 쓰십시오.

사업 타당성　　획기적이다　　재도약　　혁신
통찰력　　둔화되다　　문턱을 넘다　　침체

국민 총소득 3만 달러를 넘어선 한국 경제는 성장통을 앓고 있다. 기업 이익의 증가 속도는 ①(　　　　　)고 시시각각 변하는 트렌드에 보조를 맞추지 못해 성공의 ②(　　　　　)지 못하고 주저앉는 기업이 속출하고 있다. 이제 기업들은 기존 사고의 틀을 깬 ③(　　　　　)을/를 시도하고 있다. 국내 대기업들이 ④(　　　　　)하기 위해서 찾은 돌파구는 '육성'이다. 기존의 수직적 조직 구조에서는 상상하기 어려웠던 ⑤(　　　　　)는/은/ㄴ 아이디어나 신사업에 과감히 투자하고 있다. 임직원이 아이디어를 내면 회사가 ⑥(　　　　　)을/를 검토하여 사업화할 수 있도록 지원하고 있다.

## 2 다음 문법을 사용하여 대화를 완성하십시오.

-는다는 점에서　　-는 가운데

**가** 이번에 아이가 강릉 스키장 캠프에 참여했는데 재미있었나 봐요.

**나** 그렇죠? 가격이 약간 비싸긴 하지만 다른 곳보다 깨끗하고 안전한 데다가 스키 강사들도 ① ____________ (최고이다) 그곳을 따라갈 곳이 없지요.

**가** 부모들이 ② ____________ (지켜보다) 아이에게 강습을 하는 것이 불편할 만도 한데 그곳 스키 강사들이 아이의 눈높이에서 재미있게 설명해 주니까 아이들도 흥미 있어 하더라고요.

8과

# 정치와 사회

## 01 선거와 투표

대화 어휘 개표, 공약, 기권, 성향, 유세, 진보, 검증하다, 지지하다

확장 어휘 급진파, 보수적, 온건파, 좌파, 중도적, 발길을 끊다, 발 등에 불이 떨어지다

문법 -어 봤자

## 02 한국의 정치 제도

대화 어휘 국정, 대통령제, 여당, 역대, 임기, 정당, 선출되다, 출마하다, 출범하다

확장 어휘 국무총리, 국회의원, 도지사, 부임, 사임, 시장, 위임, 일임, 입법부, 차관, 취임, 행정부

문법 에 달려 있다

# 1. 선거와 투표

MP3 / 15

- 국가의 지도자를 뽑을 때 고려해야 할 점은 무엇입니까?
- 여러분은 투표를 해 본 적이 있습니까?

**민 철** 어제 대통령 후보들의 TV 토론회를 봤어?

**윤 아** 응. 선거 유세만으로는 공약의 실현 가능성을 검증하기가 어려우니까 이런 정책 토론회가 많이 열렸으면 좋겠어. 그런데 나는 아직도 누구를 뽑아야 할지 모르겠어.

**민 철** 나는 기호 2번 후보의 공약이 마음에 들어. 일자리 늘리기나 부동산 안정화 등 민생 문제에 대한 해결 방안을 많이 내놓았더라고. 하지만 정치를 시작한 지 얼마 안 돼서 공약을 추진할 만한 뒷심이 있을지 우려의 목소리도 있긴 해. 그럼에도 불구하고 사회생활의 첫발을 내딛는 청년층에게는 압도적인 지지를 받고 있어.

**윤 아** 요즘 불경기인 데다가 일자리 부족으로 대학을 졸업해 봤자 취업도 잘 안 되다 보니 사회적 불평등을 해소하려는 진보 성향의 후보가 지지를 받는 것 같아. 하지만 사회 안정과 경제 발전 정책을 공약으로 내놓은 기호 1번 후보를 지지하는 유권자들도 많더라고.

**민 철** 기호 3번 후보의 기권으로 두 후보의 경쟁이 더 치열해지겠네. 벌써부터 개표 결과가 기대된다.

유세 공약 검증하다 지지 진보 성향 기권 개표

어휘 1

| | |
|---|---|
| 보수적 | 급진파 |
| 진보적 | 온건파 |
| 중도적 | 좌파 |
| | 우파 |

• 다음은 정치 성향에 관한 강의의 일부분입니다. ( )에 알맞은 단어를 쓰십시오.

**교수** 선거철이니만큼 국민들은 대통령 후보들의 정치 성향에 대해서 많은 이야기를 주고받습니다. 여러분들의 정치 성향은 어떻습니까? 개인의 정치 성향을 나타내는 단어 중에는 프랑스 대혁명 때 만들어진 것들도 있습니다. 1789년 프랑스 혁명 직후 열린 국민의회에서 의장석을 기준으로 오른쪽에 특권 계급을 대표하는 왕당파가 앉고 왼쪽에 비특권 계급을 대표하는 공화파가 앉았습니다. 이때부터 분배와 복지보다는 성장과 경쟁, 평등보다는 자유를 강조하는 쪽을 ( 보기 우파라고 )~~이라고/라고~~ 하고 이와는 반대로 부의 분배와 평등, 변화를 지향하는 세력은 ❶ (　　　　)이라고/라고 했습니다. 그리고 성장과 발전을 지향하지만 급격한 변화를 피하고 현 체제를 유지하고자 하는 사상이나 태도를 보수적이라고 하고 현 체제를 바꿔서 부의 분배와 복지를 실현하려는 성향을 가지고 있으면 ❷ (　　　　)이라고/라고 합니다. 이때 어느 한쪽으로도 치우치지 않고 중립적인 정책 실시를 지지하는 쪽은 ❸ (　　　　)이라고/라고 합니다. 같은 정치 성향 내에서도 현존하는 제도에 대해서 과격하고 즉시적인 변화를 원하면 ❹ (　　　　), 과격하지 않고 부드럽고 조심성 있게 체제 유지나 변화를 추구하면 ❺ (　　　　)으로/로 볼 수 있습니다.

• 여러분의 정치 성향은 어떻습니까? 보기 와 같이 이야기하십시오.

보기

**가** 저는 점점 심해져 가는 빈부 격차 문제는 꼭 해결되어야 한다고 생각해요. 그렇게 되기 위해서는 당연히 제도도 바뀌어야 하고요. 빈곤층을 위한 사회 보장 제도가 더 확대되어야 한다고 생각하니까 저는 **진보적**인 편이라고 말할 수 있어요.

**나** 저는 **보수적**이지만 **중도적**인 입장입니다. 빈부 격차의 문제는 경제가 더 성장하면 해결될 수 있다고 봐요. 물론 경제 성장 과정에서 부의 분배가 형평성 있게 이루어져야 한다는 전제가 있어야 합니다.

어휘2

| |
|---|
| 첫발을 내딛다<br>발등에 불이 떨어지다<br>발 벗고 나서다<br>손발을 맞추다<br>발이 넓다<br>발이 묶이다<br>발길을 끊다 |

• 다음 상황을 읽고 알맞은 표현을 연결하십시오.

| | | |
|---|---|---|
| 보기 | 주앙은 친구와 섬에 놀러 갔는데 폭풍으로 인해 배가 운항되지 못하는 바람에 예정일에 집에 돌아갈 수 없게 됐다. | 발이 묶이다 |
| 1) | 내일은 유키의 회사 생활이 시작되는 날이다. | 발등에 불이 떨어지다 |
| 2) | 평소엔 놀기만 하던 노라가 내일이 시험이라며 밥도 안 먹고 책과 씨름하고 있다. | 발길을 끊다 |
| 3) | 맛집으로 소문난 식당이었는데 위생 문제로 고발을 당한 이후에는 손님이 거의 안 간다. | 발이 넓다 |
| 4) | 흐엉에게는 여행사에서 일하는 친구, 대기업에 다니는 친구 등 다양한 일에 종사하는 친구들이 있다. | 첫발을 내딛다 |

• 관용어를 사용해서 보기 와 같이 이야기를 만드십시오.

보기

**가** 웬일로 점심도 안 먹고 도서관에 가?

**나** 내일 시험이 있는데 과목도 많은 데다가 그동안 미리 공부도 안 해 놓아서 마음이 급해.

**가** 발등에 불이 떨어졌구나.

## -어/아/여 봤자

동사에 붙어서 앞에 어떤 일이 생겨도 뒤에 기대한 일은 일어나기 힘듦을 나타낸다.

- 큰 잘못을 해 놓고 이제 와서 사과해 봤자 소용없어요.
- 이렇게 적은 돈을 백날 모아 봤자 집을 살 수는 없어요.
- 아무리 울어 봤자 부모님의 마음을 돌리기는 힘들 거예요.
- 아버지는 엄격하셔서 아무리 부탁해 봤자 들어주지 않으실 거예요.

가 출석 시간이 한 시간 부족한데 선생님께 좀 봐 달라고 부탁드려 볼까 봐요.
나 워낙 원칙주의자라서 말씀드려 봤자 소용없을 거예요.

가 내가 오늘 별것 아닌 일로 짜증을 내서 유키가 화가 많이 난 것 같아. 아무래도 사과를 해야겠어.
나 유키는 자존심이 세서 사과해 봤자 쉽게 받아 주지 않을 거야.

- 친구에게 조언을 하려고 합니다. 보기 와 같이 이야기하십시오.

| 고민거리 | 예상되는 상황 |
| --- | --- |
| 보기 선약이 있어서 모임에 못 간다고 유키에게 거짓말을 했다가 들통이 나서 난처하다. 전화해서 사과를 해 볼까 고민 중이다. | 유키는 한번 화가 나면 오래가니까 지금은 전화를 받지 않을 것이다. |
| 1) 아이돌 가수가 되고 싶은데 춤이나 노래를 배워 본 적이 없고 재능도 없지만 의욕이 앞서서 기획사 오디션을 보려고 한다. | 지금 실력으로는 오디션을 100번 봐도 떨어질 것이다. |
| 2) 게으른 성격인 데다가 먹는 것을 좋아해서 하루에 네 끼 정도를 먹다 보니 살이 너무 많이 쪘다. 앞으로 탄수화물의 섭취를 줄여 나가면서 다이어트를 해야겠다. | 운동과 병행하지 않으면 음식 조절을 해도 소용이 없을 것이다. |
| 3) 같은 반 친구인 유키를 짝사랑한다. 매일 꽃을 한 송이씩 선물해서 마음을 전할까 고민 중이다. | 유키가 눈이 높아서 마음을 받아 주지 않을 것이다. |
| 4) 집 앞에 쓰레기를 무단 투기하는 사람이 있다. 폐쇄 회로 TV(CCTV)를 확인해서 범인을 잡으려고 생각 중이다. | 화면이 선명하지 않아서 범인을 잡기 힘들 것이다. |
| 5) 옆 건물의 공사 소음이 심해서 일상생활에 지장을 준다. 그래서 구청에 민원을 제기할까 고민 중이다. | 공사를 중단하는 것 말고는 소음을 줄이는 방법이 없어서 소용이 없을 것이다. |

보기

가 선약이 있어서 모임에 못 간다고 유키에게 거짓말을 했다가 들통이 나서 난처한 상황이야. 전화해서 사과를 할까 해.
나 유키는 한번 화가 나면 오래가니까 전화를 **해 봤자** 지금은 네 전화를 받지도 않을 거야.

## 연습해 봅시다

- 대통령 후보들에 대해서 정리한 표입니다. 보기 와 같이 이야기해 보십시오.

| 기호 | 후보 | 정보 |
|---|---|---|
| 보기 1번 | 박미선(55세) | - 지지율: 35%<br>- 주요 경력: 3선 국회의원, 국무총리<br>- 이념: 중도 좌파 성향<br>- 주요 공약: 건강 보험 혜택 증대, 한반도 평화 구축 |
| 1) 2번 | 이수혁(42세) | - 지지율: 24%<br>- 주요 경력: 인권 변호사<br>- 이념: 진보 성향<br>- 주요 공약: 부동산 안정화, 비정규직 노동법 개정 |
| 2) 3번 | 김명수(62세) | - 지지율: 30%<br>- 주요 경력: 대기업 부회장, 서울 시장, 기획재정부 장관<br>- 이념: 보수 성향<br>- 주요 공약: 100만 일자리 창출, 과학 기술 발전을 위한 기업 규제 완화 |
| 3) | | |

보기

가 투표를 한다면 누구를 선택할 거예요?

나 저는 기호 3번 김명수 후보가 대통령이 되는 것도 괜찮을 듯싶어요. **보수적**이라서 안정감 있게 나라 일을 운영할 테고 일자리 창출 공약이 실현되면 경제가 더 발전할 수 있을 테니까요.

가 공약을 아무리 잘 **내세워 봤자** 소속 정당의 세력이 약하면 공약 실현이 어려울 텐데요.

나 그럴 수도 있죠. 하지만 장점이 많은 후보라고 생각해요. 경력이 화려한 만큼 **발이 넓어서** 다양한 분야의 인재들을 기용해서 효율적으로 일할 거라고 봐요.

# 2. 한국의 정치 제도

- 대통령의 역할은 무엇입니까?
- 국민들을 위해서 어떤 정치가 이루어져야 한다고 생각합니까?

**교 수** 다음으로 한국의 대통령제에 대해서 알아보겠습니다. 여러분도 아시다시피 한국은 대통령을 중심으로 국정이 운영됩니다. 그렇다면 대통령은 어떤 과정을 거쳐서 선출될까요? 먼저 각 정당에서 대통령 선거에 출마할 후보를 선출하고 이 후보들은 정해진 기간 동안 선거 유세를 펼치게 됩니다. 한국의 대통령 선거는 직접 선거로 모든 국민들이 투표에 참여하기 때문에 한국의 미래는 국민들의 손에 달려 있다고 해도 과언이 아닙니다. 국민들로부터 가장 많은 표를 얻은 후보가 대통령이 되고 이때부터 새 정부가 출범하게 됩니다. 대통령을 배출한 정당은 여당이 되고 여당을 제외한 나머지 정당은 야당이 되어서 정책을 수행합니다. 한국 대통령의 임기는 5년이며 연임을 할 수 없지만 최근 들어서 이 5년 단임제를 다른 나라처럼 4년 중임제로 개헌해야 한다는 의견이 많아지고 있습니다. 오늘 수업은 여기까지입니다. 다음 시간에는 한국의 역대 대통령에 대해서 알아봅시다.

대통령제　국정　선출되다　정당　출마하다　출범하다　여당　임기　역대

# 어휘

## 어휘1

| 국정 운영자 | 국가 기관 |
|---|---|
| · 대통령<br>· 국무총리<br>· 장관<br>· 차관<br>· 국회의원<br>· 도지사<br>· 시장 | - 입법부: 국회<br>- 사법부: 대법원, 법원<br>- 행정부: 기획재정부, 교육부, 과학기술정보통신부, 외교부, 통일부, 법무부, 국방부, 행정안전부, 문화체육관광부, 농림축산식품부, 산업통상자원부, 보건복지부, 환경부, 고용노동부, 여성가족부, 국토교통부, 해양수산부, 중소벤처기업부<br>- 헌법재판소<br>- 중앙선거관리위원회 |

• 다음은 신문 기사입니다. (      )에 알맞은 단어를 쓰십시오.

"( 보기 국회의원 )들은 국회에 모인 가운데 음주 운전 피해자 속출을 방지하기 위해 음주 운전 2회 이상 적발 시 징역 2년 이상 또는 벌금 1000만~2000만 원 이상으로 처벌을 강화하는 법안을 통과시켰다."

서울일보 정치면

"통일부의 수장인 ① (            ) 후보자로 지명된 통일연구소 소장이 자질과 능력을 검증받기 위해서 인사 청문회장으로 들어서고 있다."

한국신문 정치면

"입법부, 사법부, ② (            )의 권력 분립이 잘 유지되지 않고 어느 한쪽으로 권력이 치우치는 현상은 민주주의 원리에 입각한 정치가 아니라며 정치인들 사이에서 우려의 목소리가 높아지고 있다."

매일시사 정치면

"경상남도 ③ (            )은/는 지진 발생 이후 피해 복구에 총력을 기울이고 있으며 지진 피해의 완전한 회복과 도시 재건을 위해서 국회에 예산을 요청했다."

포항일보 정치면

"새 정부가 출범한 후 국정을 총괄해야 하는 자리에 오른 ④ (            )은/는 국민의 뜻을 받들고 대통령을 잘 보좌하겠다고 포부를 밝혔다."

대한신문 정치면

"국무총리는 어제 오전에 열린 기자 간담회에서 ⑤ (            )이/가 해외 순방을 마치고 돌아올 때까지 국정을 빈틈없이 운영하겠다고 이야기했다."

연세일보 정치면

• 여러분 나라의 정치 문제에 대해서 보기 와 같이 이야기를 하십시오.

보기

가 우리나라는 정치에 대한 국민들의 관심이 낮아요. 그래서 **국회의원** 선거 때 투표율도 낮고 정치인들의 국정 운영에도 관심이 없어요.

나 정치가 발전하기 위해서는 정책이나 정치 활동에 대해서 국민들이 관심을 가지고 감시자나 평가자 역할을 해야 한다고 생각해요.

어휘2

| | |
|---|---|
| 부임<br>취임<br>퇴임<br>사임 | 연임<br>위임<br>일임 |

• 다음은 인사이동과 관련된 공지문입니다. ( )안에 알맞은 단어를 쓰십시오.

## 공지문

2020년 7월 19일자로 조직 개편 및 인사이동이 단행되었음을 알려드립니다. 최원태 부회장이 이번에 정년 ( 보기 퇴임을 )을/를 맞이했습니다. 최원태 부회장의 뒤를 이어 박승연 미국 지사장이 부회장직에 새로 부임을 하게 됐습니다. 다음 주부터 박승연 미국 지사장이 최원태 부회장으로부터 모든 업무에 대해서 ① ( )을/를 받을 예정입니다. 부회장 ② ( )식이 곧 있을 예정이며 구체적인 일정은 추후 공지하겠습니다. 또한 이몽규 이사가 개인적인 사정으로 임기를 채우지 못하고 ③ ( )을/를 했고 그 뒤를 이어 정미경 본부장이 이사직에 임명됐습니다. 김규혁 사장은 ④ ( )이/가 결정돼 내년 상반기까지 계속해서 사장직을 맡을 예정입니다.

• 여러분이 기업을 운영하는 사람이라면 어떻게 인사이동을 하겠습니까? 보기와 같이 이야기하십시오.

보기

가 회사에서 정말 중요한 일은 어느 자리에 있는 사람이 할까?

나 내가 기업의 사장이라면 회사의 회계 보고를 중요하게 생각할 것 같아. 그래서 꼼꼼하고 책임감이 강하며 믿을 수 있는 직원을 회계부서의 책임자로 인사이동을 시켜서 회사의 자금 흐름에 대한 모든 일을 **일임**할 것 같아.

## 에 달려 있다

명사, 동사, 형용사에 붙어서 일의 결과가 앞의 내용에 의해서 결정됨을 나타낸다.

- 인생의 행복은 마음먹기에 달려 있어요.
- 진급 여부는 이번 시험 결과에 달려 있어요.
- 제품의 판매량은 디자인이 얼마나 실용적이냐에 달려 있어요.
- 성공은 얼마나 확신을 가지고 성실히 노력하느냐에 달려 있다고 생각합니다.

가 이번 사업에 대한 사장님의 관심과 기대가 정말 대단한 것 같아요.
나 회사의 미래가 이번 사업의 성공 여부에 달려 있으니까요.

가 이번 선거 결과를 어떻게 예측하십니까?
나 두 후보의 지지율이 막상막하여서 당선 여부는 어느 후보가 유동층의 표를 얼마나 많이 가져가느냐에 달려 있다고 봅니다.

- 회사 생활을 잘하고 싶어 하는 신입 사원과 선배의 대화입니다. 보기 와 같이 이야기하십시오.

| 하고 싶은 일 | 조언 |
|---|---|
| 보기 동료들과 친해지고 싶다. | 동료들과 같이 이야기할 기회를 많이 만들어야 한다. |
| 1) 좋은 영업 실적을 내고 싶다. | 고객들을 잘 관리해야 하고 고객들에게 신뢰감을 심어 줘야 한다. |
| 2) 실무를 빨리 익히고 싶다. | 모르는 것은 선배들에게 물어보고 스스로 노력해야 한다. |
| 3) 해외 지사에서 파견 근무를 하고 싶다. | 외국어를 잘하고 현지 적응 능력이 뛰어나야 한다. |
| 4) 사내 축구팀에 들어가고 싶다. | 부서별 체육 대회 때 실력을 발휘해야 한다. |
| 5) 신사업 개발에 참여하고 싶다. | 관련 분야 업무 경험이 있어야 한다. |

보기

**가** 선배님 동료들과 잘 지내면 일을 할 때도 더 좋은 결과를 낼 수 있고 회사 생활이 더 즐거울 것 같은데 어떻게 하면 친해질 수 있을까요?
**나** 우선은 네가 일을 잘해서 동료들에게 피해를 주지 않아야겠지만 무엇보다 서로 소통할 기회를 네가 얼마나 많이 **만드냐에 달려 있어**.

# 연습해 봅시다

• 국민들이 행복해지기 위해서는 어떤 정치가 실현돼야 할까요? 보기 와 같이 이야기하십시오.

| 국민들에게 필요한 것 | 실현 방법 |
| --- | --- |
| 보기 고용 안정 | 불안정한 고용 형태를 개혁할 대통령이 선출돼야 한다. |
| 1) 내 집 마련 | 저금리의 대출 정책이 마련되어야 한다. |
| 2) 부의 재분배 | 소득 수준에 따라서 세금을 차등 있게 부과해야 한다. |
| 3) | |

보기

**가** 요즘 비정규직, 계약직, 임시직 등 다양한 고용 형태가 있는데 이런 고용 형태들은 안정적이지 못해서 많은 국민들이 미래에 대해 불안해하며 회사 생활을 하고 있어요. 이런 상황이 지속된다면 국민들의 소비도 위축될 것이고 결국 경제 침체로 이어질 거예요.

**나** 고용의 안정화를 위해서는 대기업들의 불안정한 고용 형태를 개혁할 수 있는 **대통령**이 **선출**돼야 해요. 결국 모든 것은 국민들의 **손에 달려 있는** 거죠.

# 복습

## 1 알맞은 단어를 골라서 (　　)에 쓰십시오.

| 임기 　 유세 　 시장 　 취임 　 일임 　 역대 |
|---|

대전광역시의 행정을 책임지고 있는 ❶ (　　　　　)은/는 ❷ (　　　　　) 후 첫 기자 간담회를 열고 시정 방향에 대해서 밝혔다. 과학 도시로서 대한민국의 첨단 과학 산업을 선도해 나감과 동시에 대전을 새로운 국부 창출의 전초 기지로 만들기 위해서 연구 개발 특구를 확대하겠다는 것이 그 골자이다. 선거 ❸ (　　　　　) 기간 내내 성장과 안정을 강조한 그는 4년의 ❹ (　　　　　) 동안 시민이 잘 사는 도시로 변화시키겠다고 약속했다.

| 대통령 　 공약 　 선출 　 성향 　 여당 　 지지하다 　 정당 |
|---|

나라의 수장인 ❺ (　　　　　)을/를 ❻ (　　　　　)하는 대선이 한 달 앞으로 다가온 만큼 사람들은 모였다 하면 정치 이야기를 하느라고 여념이 없다. 자신이 어느 후보를 ❼ (　　　　　)는지/은지/ㄴ지 사람들마다 그 이유도 각양각색이다. 후보의 소속 ❽ (　　　　　)을/를 보고 누구를 뽑을지 결정하는 사람이 있는가 하면 자신의 정치 ❾ (　　　　　)에 따라서 결정하는 사람도 있다.

## 2 다음 문법을 사용하여 이야기를 완성하십시오.

| -어 봤자 　 -에 달려 있다 |
|---|

**가** 정권이 바뀌면 침체된 내수 시장이 좀 활성화될까요?

**나** 글쎄요. 새 정부가 세계 경제 흐름에 맞는 정책을 내놓지 않는 한 정권이 ❶ ________________ (바뀌다) 국내 경기가 좋아지기 힘들 거예요.

**가** 결국 국민들이 대통령을 잘 뽑아야 한다는 거군요. 우리나라의 경제가 그야말로 국민들의 ❷ ________________ (손)

9과

# 교육과 사회

## 01 대학 교육

**대화 어휘** 고사장, 단면, 범국민적, 사관학교, 수시, 수험생, 학술, 기꺼이

**확장 어휘** 등용문, 배양, 양성, 전당, 지성, 탐구, 기어이, 끔찍이, 속속들이, 어렴풋이, 줄줄이

**문법** -기에 앞서서

## 02 평생 교육의 시대

**대화 어휘** 바우처, 방침, 평생 교육 센터, 학점 은행제, 한도, 날개를 달다

**확장 어휘** 강습회, 교양, 산업체, 시청각, 꼬리에 꼬리를 물다, 날개 돋친 듯이 팔리다, 내 코가 석 자다, 눈 밖에 나다, 코가 납작해지다

**문법** -으나마

MP3 / 17

# 1. 대학 교육

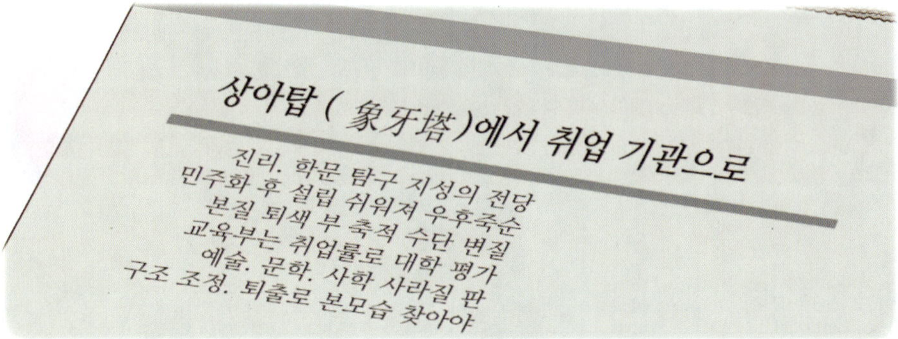
상아탑(象牙塔)에서 취업 기관으로

진리, 학문 탐구 지성의 전당
민주화 후 설립 쉬워져 우후죽순
본질 퇴색 부 축적 수단 변질
교육부는 취업률로 대학 평가
예술, 문학, 사학 사라질 판
구조 조정, 퇴출로 본모습 찾아야

- 여러분 나라에 어떤 교육 기관이 있습니까?
- 여러분은 대학의 역할이 무엇이라고 생각합니까?

**노 라** 대학수학능력시험 날이라서 길이 많이 막힐 줄 알았는데 의외로 도로에 차가 별로 없네요.

**민 아** 수험생들과 직장인들이 한꺼번에 이동하면 교통 체증이 우려되기 때문에 교육부에서 출근 시간 조정을 요청했어요. 대부분의 관공서와 기업체들이 이에 기꺼이 협조했고요.

**노 라** 아무리 수능 시험이 중요하기로서니 출근 시간까지 늦추다니요? 이 정도면 범국민적인 행사라고 해도 과언이 아니겠어요.

**민 아** 학력을 중시하는 한국 사회의 한 단면을 보여 주는 것 같아서 씁쓸하기도 해요. 대학이 학문 연구와 학술 교류의 장이 되어야 하는데 요즘은 사회에 진출하기에 앞서 꼭 거쳐야 하는 관문처럼 된 것 같아요.

**노 라** 민아 씨 동생도 수험생이니까 응원하러 고사장에 가야지요.

**민 아** 제 동생은 꿈이 전투기 조종사여서 공군사관학교에 지원했어요. 그 대학은 특수 대학교라서 입학생을 모두 수시 모집으로 선발하고 있기 때문에 수능 점수는 중요하지 않다고 하더라고요.

수험생 기꺼이 범국민적 단면 학술 고사장 사관학교 수시

어휘 1

| 등용문<br>취업 훈련소<br>지성의 전당<br>고등 교육 기관<br>직업 교육 기관 | 대학 | 인재 양성<br>지식 전수<br>학문 연구<br>학술 교류<br>진리 탐구<br>실무 능력 배양 |
|---|---|---|

- 다음은 '대학의 역사'에 대한 글입니다. (    ) 안에 알맞은 단어를 쓰십시오.

초등·중등·고등 교육으로 나누어 볼 때 대학은 ( 보기 고등 교육 기관 )이다. 현대적 의미에서 최초의 대학은 12세기에 세워진 이탈리아의 살레르노대학과 볼로냐대학, 프랑스의 파리대학으로 볼 수 있다.

1810년에 개교한 베를린대학은 공동생활의 장소인 동시에 학문을 ❶ (                ) 하고 진리를 ❷ (                )하는 곳이었다.

나폴레옹은 1808년에 제국대학을 설립했는데 이곳은 교육뿐만 아니라 교육 행정 조직의 기능도 겸했다. 따라서 대학은 국가를 위해서 일할 관리의 ❸ (                ) 역할을 하게 되었다.

옥스퍼드대학과 케임브리지대학은 오랫동안 귀족 계급의 신사도를 교육하고 인재를 ❹ (                )하는 기능을 담당했다.

하버드대학을 비롯한 미국의 대학은 유럽 대학의 영향을 받아서 학문의 실용성을 강조하는 학풍을 확립했고 학생들이 사회에 나가서 쓸 수 있는 실무 능력을 ❺ (                ) 할 수 있도록 교육했다.

- '대학의 역할'에 대해서 보기 와 같이 이야기하십시오.

보기

가 요즘은 대학이 **학문을 연구**하는 **'지성의 전당'**이 아니라 취업 준비생을 길러 내는 **'취업 훈련소'**가 되고 있습니다. 이러한 상황에서 대학이 어떤 역할을 해야 할지에 대해서 한 말씀해 주십시오.

나 대다수의 학생들이 대학을 졸업하고 직장을 구해야 하는 현실에 비추어 보면 대학이 **직업 교육 기관**으로서의 역할을 해야 하는 것은 당연합니다. 하지만 단지 직업에 필요한 **실무 능력만을 배양**하는 곳이 아니라 사회에 필요한 **인재를 양성**하는 **등용문**의 역할도 해야겠지요.

어휘2

| | |
|---|---|
| 간간이<br>곰곰이<br>기꺼이<br>기어이<br>끔찍이 | 줄줄이<br>더욱이<br>속속들이<br>어렴풋이 |

• 다음은 '나의 어머니'란 글의 일부입니다. (　　)에 알맞은 단어를 쓰십시오.

나의 어머니는 어린 나이에 종갓집으로 시집을 와서 딸만 ( 보기 줄줄이 ) 여섯을 낳고 백일기도 끝에 막내 동생인 아들을 낳으셨다고 한다. 어머니는 막내 동생을 ❶ (　　　　) 아끼셨고 그 아들을 위해서는 자신의 목숨까지도 ❷ (　　　　) 내놓으실 것 같았다. 그렇게 금지옥엽으로 귀하게 키운 동생이 15살이 됐을 때 돌연 고향을 떠나 유학을 가겠다고 선언을 했다. 하지만 어머니는 동생이 유학을 가기에는 나이가 너무 어리고 ❸ (　　　　) 몸도 너무 약하다면서 말리셨다. 그래서 동생의 마음을 돌리려고 애썼지만 동생은 자신의 고집을 꺾지 않았고 ❹ (　　　　) 유학을 떠났다. 그때 동생을 유학 보내고 몇 날 며칠을 우시던 어머니의 모습이 지금도 ❺ (　　　　) 생각이 난다.

• 여러분의 어머니에 대해서 보기 와 같이 이야기하십시오.

보기

**가** 우리 어머니는 가족에 대한 일이라면 **속속들이** 다 알고 계셔야 안심이 되시는 분이에요. 그래서 가끔은 그 관심이 귀찮을 때도 있었지만 **곰곰이** 생각해 보면 어머니의 관심 덕분에 제가 이렇게 잘 자란 것 같아요.

**나** 우리 어머니는 정반대예요. 제가 **간간이** 안부 전화만 드리면 제가 어디에 있든 무엇을 하든 전혀 신경을 안 쓰세요. 가끔은 자식들에게 너무 관심이 없는 것 같아서 서운하기까지 해요.

## -기에 앞서서

동사에 붙어서 앞 문장의 행위를 하기 전에 뒤 문장의 행위를 먼저 함을 나타낸다.

- 대학원에 진학하기에 앞서서 전공 지식을 좀 더 쌓아야 한다.
- 공청회를 시작하기에 앞서서 오늘 참석자들을 소개하겠습니다.
- 사업을 시작하기에 앞서서 철저한 시장 조사와 준비가 필요하다.
- 남을 비난하기에 앞서 자신도 같은 잘못을 하고 있지 않은지 돌아보자.

가 그럼 지금부터 제8차 정기 총회를 시작하겠습니다.
나 사회자님, 회의를 시작하기에 앞서서 제가 회원분들께 드릴 말씀이 있습니다.

가 대학교에는 어떤 신입생 환영 행사가 있습니까?
나 우리 대학 새내기들은 대학 생활을 시작하기에 앞서 미리배움터, 새로배움터, 입학식 등 다양한 신입생 행사에 참여하게 됩니다.

• 다음은 '부동산 지식' 사이트에 올라온 질문과 답변입니다. 보기 와 같이 이야기하십시오.

| 질문 | 답변 |
|---|---|
| 보기 부동산 투자 시 주의 사항 | 주변에 지하철역, 학교, 관공서 등 개발 호재가 있는지 알아본다. |
| 1) 건물을 구입할 때 주의 사항 | 현재 그 건물을 누가 사용하고 있는지 알아봐야 한다. |
| 2) 대리인과 계약 시 주의 사항 | 대리인의 신분증과 매도인의 위임장을 요구해서 복사해 두는 것이 좋다 |
| 3) 은행에서 대출을 받을 때 주의 사항 | 계약할 집의 실거래가를 확인해야 한다. |
| 4) 계약서를 쓰기 전 주의 사항 | 집의 상태를 확인하고 하자가 있거나 보수가 필요한 부분은 사진을 찍어 두는 것이 좋다. |
| 5) 새집으로 이사할 때 주의 사항 | 집에 세탁기나 에어컨과 같은 가전제품이 이미 설치되어 있다면 잘 작동되는지 확인해야 한다. |

보기

가 제가 부동산에 투자를 하려고 하는데 주의 사항이 있으면 알려 주세요.
나 투자를 **결정하기에 앞서** 주변에 지하철역, 학교, 관공서 등 개발 호재가 있는지 알아보는 게 중요합니다.
가 그리고 건물을 구입할 때 주의 사항이 있으면 알려 주세요.
나 건물을 …

# 연습해 봅시다

• 대학생들을 대상으로 '대학을 졸업하기 전에 해야 할 일'을 조사한 결과입니다. 보기 와 같이 이야기 하십시오.

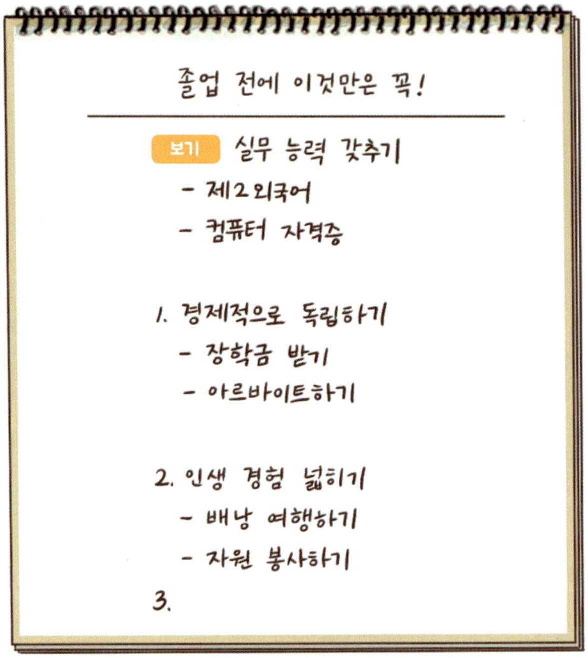


보기

**주앙** 사회생활을 먼저 시작한 선배로서 대학생들이 사회에 진출하기에 앞서서 꼭 해야 할 것이 무엇인지 조언 한 말씀 부탁드립니다.

**선배** 저는 대학생들이 졸업하기에 앞서서 전공 관련 지식을 쌓는 것도 중요하지만 직장 생활에 필요한 실무 능력을 갖추어야 한다고 생각해요. 제가 외교관이어서 그런지 모르겠지만 직장 생활을 하다가 보면 전공 지식보다는 외국어 실력이나 실무 능력이 더 중요하더라고요.

# 2. 평생 교육의 시대

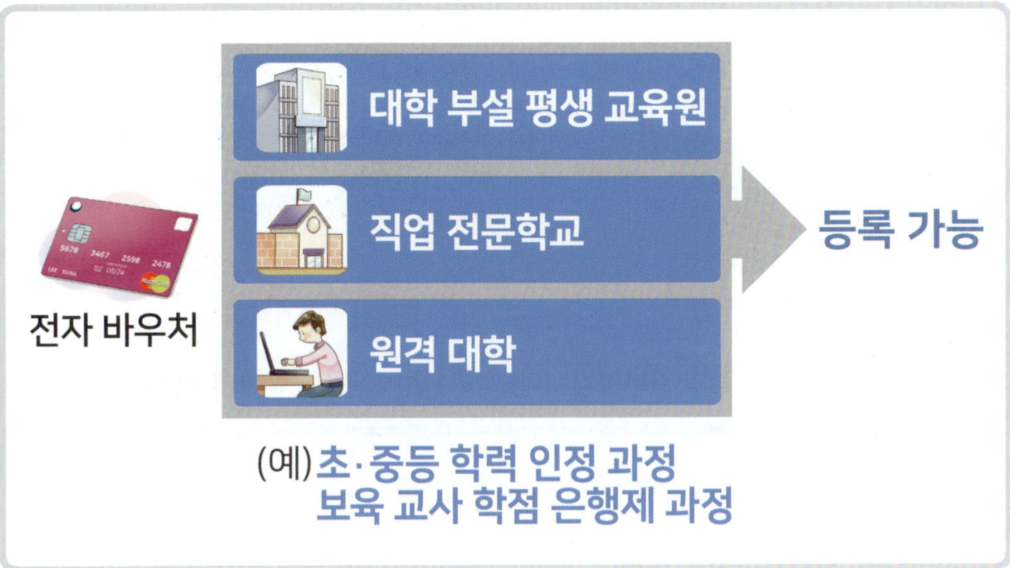


- 여러분 나라에 어떤 평생 교육 기관이 있습니까?
- 여러분 나라에서는 국가가 어떻게 평생 교육을 지원하고 있습니까?

**사회자** 오늘은 시청자 여러분들의 배움에 대한 열정에 날개를 달아 줄 좋은 정보를 하나 알려 드리겠습니다. 이유리 기자가 준비하셨죠?

**기 자** 네, 건강도 지키고 스트레스도 풀 수 있는 에어로빅 강좌부터 취업에 필요한 역량을 갖출 수 있는 컴퓨터 강좌까지 경제적인 부담 없이 들을 수 있는 방법이 있습니다. 바로 평생 교육 바우처를 이용하는 것입니다.

**사회자** 바우처라고 하면 수업료를 지원받는 건가요?

**기 자** 네, 맞습니다. 연간 지원 한도 내에서 국가가 지정한 평생 교육 센터의 다양한 수업을 골라서 들을 수 있습니다. 그리고 학점 은행제를 통해서 보육 교사나 사회 복지사 같은 국가 자격증도 취득할 수 있는데, 온라인으로도 수강할 수 있으니까 시간이나 공간의 제약 없이 이용해 보시면 좋을 것 같습니다.

**사회자** 얼마 전 교육부에서도 평생 교육 체제를 구축할 대학을 선정해서 발표했습니다. 국가가 이런 방법으로나마 국민들이 원하는 시기에 다양한 고등 교육을 받을 수 있도록 지원하겠다는 방침인 것으로 보입니다. 관심 있는 분들은 신청하셔서 좋은 혜택을 함께 누리시기 바랍니다.

날개를 달다　　바우처　　한도　　평생 교육 센터　　학점 은행제　　방침

# 어휘

## 어휘1

| 평생 교육 | | |
| --- | --- | --- |
| 개념 | 방법 | 운영 기관 |
| · 학력 보완 교육<br>· 인문 교양 교육<br>· 시민 참여 교육 | · 시청각 교육<br>· 공개 강좌<br>· 현장 견학<br>· 강습회 | · 평생 교육 센터<br>· 사설 학원<br>· 민간 단체<br>· 산업체 |

• 다음은 인터넷 지식백과의 일부분입니다. (　　) 안에 알맞은 단어를 쓰십시오.

**지식백과**

평생 교육
[平生教育 , life-long education]

1. 평생 교육의 개념

평생 교육이란 학교의 정규 교육 과정을 제외한 ( 보기 학력 보완 교육 ), 직업 능력 향상 교육, ① (　　　　　　　　), 문화 예술 교육, 시민 참여 교육 등을 포함하는 모든 형태의 조직적인 교육 활동을 말한다.

2. 평생 교육의 방법

평생 교육의 방법은 보통 학교에서 실시하는 정기적인 강좌 이외에 ② (　　　　　　　　), 공개 강좌, 현장 견학, ③ (　　　　　　　　), 연구회, 토론회, 실험 실습 등이 있다.

3. 평생 교육의 운영 기관

평생 교육의 운영 기관은 평생 교육 센터나 평생 교육 기관의 인증을 받아 개인이 운영하는 ④ (　　　　　　　　), 정부 기관에 속하지 않는 ⑤ (　　　　　　　　), 공공 기관이나 산업체 등이 있다.

• 여러분 나라에서는 어떤 형태로 평생 교육이 이루어지고 있습니까? 보기 와 같이 이야기하십시오.

보기

가 한국의 평생 교육과 유사한 것이 일본의 생애 교육인데 자신이 사는 지역 사회에서 **시민 참여 교육**을 받기 때문에 사회 교육이라고도 합니다.

나 한국의 **평생 교육 센터** 같은 곳이 일본에도 있지요?

가 물론이지요. 일본의 사회 교육 시설로는 '공민관'이라는 곳이 있는데 이곳에서 주민들이 학습 모임이나 **공개 강좌** 등을 합니다.

어휘2

| 날개를 달다 | 눈독을 들이다 |
|---|---|
| 날개 돋친 듯이 팔리다 | 눈 밖에 나다 |
| 꼬리에 꼬리를 물다 | 내 코가 석 자다 |
| 꼬리가 밟히다 | 코가 납작해지다 |

- 다음은 소설가의 인터뷰 내용입니다. (      )에 알맞은 단어를 쓰십시오.

**기자** 요즘 서점가에서 ( 보기 날개 돋친 듯이 팔리 )고 있는 베스트셀러의 작가님을 모시고 인터뷰를 진행하도록 하겠습니다. 작가님의 직업에 대한 여러 소문이 ❶ (                    ) 고 이어지고 있는데 오늘 이 자리에서 솔직하게 밝혀 주시겠습니까?

**작가** 저는 전공이 경영학이라서 졸업하자마자 대기업에 취직을 했습니다. 그런데 제가 큰 실수를 해서 상사의 ❷ (                    )는/은/ㄴ 이후에는 회사 생활이 쉽지 않았습니다. 그래서 회사를 그만두고 사업을 해 보려고 친구를 찾아가서 도와 달라고 부탁을 했는데, 친구는 자기 ❸ (                    )이라며/라며 도와줄 수 없으니 그냥 작은 회사에라도 들어가라고 했습니다. 저는 친구에게 서운하기도 하고 자존심도 상해서 친구의 ❹ (                    )게 반드시 성공하리라고 결심했습니다. 밤낮없이 열심히 일한 덕분에 경제적으로 안정이 되었지만 마음 속에는 채워지지 않는 공허함 같은 것이 있었습니다. 그래서 글을 쓰기 시작했습니다.

- 여러분 나라에도 한국어와 비슷한 표현이 있습니까? 보기 와 같이 이야기하십시오.

보기

**가** 봄에는 미세 먼지용 마스크가 **날개 돋친 듯이 팔렸었는데** 요즘은 뭐가 제일 잘 팔려요?
**나** 날씨가 더우니까 휴대용 선풍기가 팬케이크처럼 팔리고 있어요.
**가** 뭐라고요? 팬케이크처럼 팔린다니요?
**나** 미국에서는 **'날개 돋친 듯이 팔린다.'**를 '팬케이크처럼 팔린다.'라고 해요.
표현은 다르지만 느낌이 비슷하지 않나요?

## -으나마/나마

동사나 형용사에 붙어서 앞 문장의 내용이 그리 흡족하지는 않지만 아쉬운 대로 받아들여야 함을 나타낸다. 부사 뒤에도 쓸 수 있다.

- 약소하나마 이 성금이 피해 지역에 도움이 되었으면 합니다.
- 무더위 속에 소나기가 내려 잠시나마 더위를 잊게 해 줬다.
- 늦게나마 이렇게 감사의 인사를 드립니다.
- 만날 수는 없지만 문자로나마 이렇게 연락할 수 있어서 다행입니다.

가 연말에 공연을 하신다고 해서 다들 기대하고 있습니다.
나 잘하지는 못하나마 나름대로 열심히 준비했으니까 즐겁게 봐 주세요.

가 고향에 다녀온 지 3년이 넘었다면서요?
나 네, 단 며칠이나마 고향에 다녀오고 싶은데 시간을 내기가 쉽지 않네요.

- 집들이에 초대된 손님과 주인의 대화입니다. 보기 와 같이 이야기하십시오.

| 아쉬움 | 상황 |
|---|---|
| 보기 집이 누추하다. | 10년 만에 마련한 집이라서 집들이를 하게 됐습니다. |
| 1) 집이 작다. | 내 집이 생겨서 이제 이사를 안 다녀도 되니까 그게 좋을 뿐입니다. |
| 2) 선물이 약소하다. | 집들이 선물을 준비했는데 유용하게 쓰셨으면 좋겠습니다. |
| 3) 음식 솜씨가 부족하다. | 솜씨를 발휘해서 음식을 준비했는데 입에 맞을지 모르겠습니다. |
| 4) 가끔씩 연락을 하다. | 연락이라도 하고 지냅시다. |
| 5) 짧은 시간동안 만나다. | 이렇게 만나서 회포를 푸니 너무 좋습니다. |

보기

**주인** 누추하나마 10년 만에 마련한 집이라 집들이를 하게 됐습니다. 바쁘실 텐데 이렇게 와 주셔서 감사합니다.
**손님** 당연히 와야지요. 집이 정말 좋네요.
**주인** 좋기는요…

# 연습해 봅시다

- 평생 교육 프로그램을 이용한 경험입니다. 보기 와 같이 이야기하십시오.

| 상황 | 충분하지는 않지만 장점 | 기대 |
| --- | --- | --- |
| 보기 사이버 대학에서 경영학을 공부하고 있다. | 컴퓨터로 수업을 들을 수 있어서 좋다. | 학위까지 취득하게 되면 날개를 달게 되겠다. |
| 1) 산업체에서 현장 실습을 하고 있다. | 잘하지는 못하지만 최선을 다해서 배우고 있다. | 실무 능력까지 갖추면 여러 회사에서 데려가려고 눈독을 들이겠다. |
| 2) 노인 복지 회관에 가서 한국화 강의를 하고 있다. | 짧은 시간이지만 틈나는 대로 가서 가르쳐 드리고 있다. | 최고의 화가에게 교육받은 노인들의 그림을 보면 젊은 사람들의 코가 납작해지겠다. |
| 3) | | |

보기

**가** 요즘 사이버 대학에서 경영학을 공부하고 있다고 들었는데 어때요?

**나** 저는 아주 만족합니다. 저처럼 학교에 갈 시간이 없는 사람은 **컴퓨터로나마** 수업을 들을 수 있어서 좋습니다.

**가** 안 그래도 직장에서 실력을 인정받고 있다고 들었는데 **학점 은행제**를 통해서 학위까지 취득하게 되면 그야말로 직장 생활에 **날개를 달게** 되겠네요.

복습

## 1 알맞은 단어를 골라서 (    )에 쓰십시오.

취득 방침 수험생 기어이 줄줄이 사관학교
학점 은행제 내 코가 석 자다 코가 납작해지다

다니던 회사를 그만두고 대학에서 공부한 전공이 적성에 안 맞는다며 1 (                    )을/를 통해 다시 학위를 2 (                    )하려고 공부하고 있는 딸과 대학 입시를 앞둔 고3 아들을 뒷바라지 하느라고 나는 요즘 눈코 뜰 새 없이 바쁘게 지내고 있다. 딸에게 다시 취직하기도 힘들고 동생이 고3 3 (                    )이니까/니까 직장 생활을 좀 더 하다가 공부를 다시 하라고 했지만, 딸은 4 (                    )이라며/라며 5 (                    ) 회사에 사표를 냈다. 딸에 이어서 아들까지 6 (                    ) 대학에 보내려니까 등골이 휠 지경인데 아들이 이런 집안 형편을 생각해서인지 학비가 들지 않는 7 (                    )으로/로 진로를 정했다. 경제적으로 큰 부담을 덜었지만 아들이 너무 일찍 철이 든 것 같아서 마음이 아프다.

## 2 다음 문법을 사용하여 이야기를 완성하십시오.

-기에 앞서서 -으나마

가 행사를 1 ____________ (시작하다) 평생 모은 돈을 우리 학교에 장학금으로 기부해 주신 동문을 여러분께 소개하고자 합니다. 선배님, 나오셔서 학생들에게 격려의 말씀 부탁드립니다.

나 부끄럽습니다. 많은 돈은 아니지만 형편이 어려운 학생들에게 2 ____________ (조금이다) 도움이 될 수 있으면 정말 기쁠 것 같습니다.

10과

# 역사와 유래

## 01 지명과 유래

대화 어휘 궁궐, 도읍지, 연합군, 전설, 터,뒤집어쓰다, 멸망하다, 얽히다

확장 어휘 명명, 사료, 설화, 연립, 연맹, 연방, 연상, 연정, 입증, 평야, 허구

문법 -은 채

## 02 유교의 나라 조선

대화 어휘 병자호란, 사상, 성리학, 양반, 임진왜란, 천민, 일컫다, 통치하다

확장 어휘 영세민, 이재민, 이주민, 토착민, 개편하다, 계승하다, 즉위하다, 편찬하다, 폐지하다

문법 -건만

# 1. 지명과 유래

MP3 / 19

압구정

서귀포

- 위 지명들의 유래를 들어 본 적이 있습니까?
- 여러분이 알고 있는 지명의 유래를 소개해 보십시오.

**해설사** 우리가 여행하고 있는 이곳 부여는 현재 충청남도에 속해 있는 작은 군에 불과하지만 백제의 마지막 도읍지였기 때문에 전해 내려오는 전설이 많습니다. 그중에 대표적인 것이 바로 오른쪽에 보이는 낙화암에 얽힌 전설입니다. 낙화암은 '꽃이 떨어진 바위'라는 뜻으로 여기서 말하는 꽃은 백제의 마지막 왕이었던 의자왕의 삼천 궁녀를 의미합니다. 백제가 신라와 당나라의 연합군에게 패하고 멸망하게 됐을 때 의자왕의 궁녀들은 흉악한 적군의 손에 죽느니 스스로 깨끗하게 죽겠다며 낙화암 위에서 치마를 뒤집어쓴 채 백마강에 몸을 던졌다고 합니다. 이때 죽은 궁녀의 수가 삼천 명에 달했다고 하는데 현재 남아 있는 백제의 궁궐 터를 살펴보면 삼천 명의 궁녀가 거주했다고 보기에는 턱없이 좁습니다. 게다가 의자왕과 삼천 궁녀에 대한 이야기는 삼국 시대가 끝나고 천 년이 지난 조선 중기에 처음 등장한다고 하니까 역사적인 사실과는 조금 다르리라고 생각합니다. 자, 그럼, 다음 장소로 이동하시겠습니다.

도읍지 전설 얽히다 연합군 멸망하다 뒤집어쓰다 궁궐 터

어휘 1

| 지형 | |
|---|---|
| 계곡 | 폭포 |
| 평야 | 암(벽) |
| 고개 | 골(짜기) |

| 지명 | |
|---|---|
| 유래 | 사료 |
| 어원 | 허구 |
| 전설 | 풍수지리 |
| 설화 | 생성 |
| 입증 | 명명 |

• 다음은 지명에 관한 공개강좌의 일부분입니다. (      )안에 알맞은 단어를 쓰십시오.

**사회자** 우리나라의 지명을 보면 '당고개', '구파발'처럼 이름만 들어도 예전에 어떤 곳이었는지 알 수 있는 곳이 있는가 하면 '왕십리', '아차고개'처럼 역사적 사실을 알지 못하면 왜 이런 지명이 ( 보기 생성 )됐는지 알 수 없는 곳들도 있습니다. 오늘은 김 교수님을 모시고 우리나라의 지명에 대한 강의를 들어 보겠습니다.

**교 수** 지명의 기원에 대해서는 '지명 유래', '지명 어원', '지명 전설', '지명 설화' 등의 여러 용어가 사용됩니다.

지명 1 (            )은/는 명명의 근거가 되는 대상의 역사적 사건이나 인물에 얽힌 내용이 지도나 사료에 남아 있어서 어느 정도 객관적으로 사실이 2 (            )이/가 된 것을 가리킵니다. 지명 3 (            )은/는 언어적인 측면에서 지명어가 갖는 본래 의미를 말합니다. 지명과 관련된 4 (            )은/는 지명 설화의 한 유형으로 그곳에서 벌어진 사건과 관련되어 전해오는 이야기를 지칭합니다.

지명이 명명된 이후의 다음 세대는 그 장소의 역사적인 사실뿐만 아니라 자연과의 조화를 바라본 5 (            )적인 해석을 통해서 장소에 의미를 부여하기도 합니다.

• 여러분은 지명의 유래를 알고 있습니까? 보기 와 같이 이야기하십시오.

보기

**가** 저는 지명의 **어원**을 알고 있는데 게르만인은 성과 도시에 '-burg(부르크)'라는 접미사를 붙였대요. 예를 들면 오르덴부르크는 '오르덴(olden, 오래된)'과 '-burg(부르크)'가 합쳐져서 **생성**된 말로 '오래된 성벽 도시'라는 뜻이래요. 그리고 슬라브인은 성채 도시에 '-grad(그라드)'라는 접미사를 붙였는데 유고슬라비아에서는 '하얀 성채 도시'라는 의미로 도시 이름을 '베오(beo, 희다)그라드'라고 **명명**했대요.

**나** 미국의 지명은 원주민의 말에서 **유래**된 것이 많아요. 예를 들면 '애리조나'는 '작은 샘이 솟는 곳', '미시시피'는 '큰 강', '미네소타'는 '물안개가 피어오르다'라는 뜻의 원주민 말이에요.

어휘2

| 연계 | 연관 | 연락 | 연립 | 연맹 | 연방 | 연상 | 연정 | 연합 |
|---|---|---|---|---|---|---|---|---|

• 국무총리와의 대화 내용입니다. ( )에 알맞은 단어를 쓰십시오.

**기자** 개성에 남북공동( 보기 연락 )사무소가 설치되면서 통일에 대한 국민들의 기대가 한층 높아지고 있습니다. 일각에서는 사회주의 체제 보장을 위해 북한이 계속 주장해 온 ❶ ( )제 통일을 우리 정부가 추진하려는 것이 아닌가 하는 말들이 나오고 있는데 총리님은 이에 대해서 어떻게 생각하십니까?

**총리** 그건 너무 섣부른 판단입니다. 지금 정부는 한반도의 비핵화와 평화 정착을 위해서 한미동맹이 무엇보다도 중요하다는 것을 잘 알고 있습니다. 이번 대규모 ❷ ( ) 군사 훈련을 축소한 것은 한반도의 긴장을 완화하기 위한 조치일 뿐입니다. 국민들이 이것을 가지고 한미동맹 약화를 ❸ ( )시키지 않았으면 좋겠습니다.

**기자** 국내 정치에 대한 질문을 하나 더 드리겠습니다. 분열의 정치를 끝내고 국민 통합 정치를 위해서는 여권과 야권이 ❹ ( )을/를 해야 한다는 목소리가 있는데 이에 대해서 어떻게 생각하십니까?

**총리** 정치권이 보수와 진보를 뛰어넘어 대한민국의 정의를 바로 세워야 한다고 생각합니다. 현 정부도 통합된 사회를 만드는 데 필요한 인재들을 폭넓게 기용해서 '대한민국 드림팀'을 만들겠습니다.

**기자** 오늘 총리님에 대한 ❺ ( ) 검색어로 '대한민국 드림팀'이 뜨겠는데요.

• 다음 주제에 대해서 여러분이 알고 있는 것을 보기 와 같이 이야기하십시오.

| 남북공동연락사무소 | 한미 연합 군사 훈련 | 연방제 통일 | 연정 |
|---|---|---|---|

보기

**가** **연정**이라는 말이 신문에 자주 나오던데 그게 뭔지 알아요?

**나** **연정**은 '**연립** 정부' 또는 '**연합** 정부'를 줄여서 이르는 말이에요. 의원내각제 국가에서 다수당이 과반 의석을 확보하지 못했을 때 비슷한 정치색을 갖고 있는 정당과 **연합**해서 정부를 구성하는 것이지요.

**가** 한국은 의원내각제가 아니라 대통령제 국가잖아요.

**나** 대통령제에서 여당이 소수일 경우에는 원활한 국정 운영이 힘들어져요. 그래서 **연정** 파트너에게 장관과 같은 자리를 주면서 '거국 내각'을 꾸리게 되는 것이지요. 그래야 국회에서의 협력을 얻어 낼 수 있으니까요. 한마디로 말하면 필요에 의한 정치적 '**연맹** 관계'라고 볼 수 있습니다.

## -은/ㄴ 채

동사에 붙어서 어떤 행위가 이루어진 상태 그대로 후행문의 내용이 발생했음을 나타낸다.

- 실종됐던 박 모 씨가 강변에서 숨진 채 발견됐다.
- 신제품 개발팀은 잠자는 것도 잊은 채 연구에 몰두했다.
- 사퇴 압력을 받은 당 대표는 외부와 연락을 끊은 채 자택에 머물고 있다.
- 아이들은 바다를 보자마자 신이 나서 옷을 입은 채 그대로 뛰어들었다.

가 어제 경기는 누가 이겼어요?
나 두 팀이 승부를 가리지 못한 채 경기가 끝났어요.

가 피의자가 옷으로 얼굴을 가린 채 곧바로 대기하던 경찰차에 올라타서 얼굴이 공개되지 않았다면서요?
나 네, 취재진의 질문에 아무런 말도 하지 않은 채 경찰서를 빠져 나갔어요.

- 다음은 같이 사는 친구로 인해 어려움을 겪는 이야기입니다. 보기와 같이 이야기하십시오.

| | 유리의 친구 | 미나의 친구 |
|---|---|---|
| 문제 | 보기 덥다면서 항상 에어컨을 켜 놓고 잠을 잔다. | 1) 설거지를 하지 않고 하루 종일 쌓아 둔다. |
| | 2) 귀찮다면서 씻지 않고 자서 땀 냄새가 많이 난다. | 3) 거실이나 화장실의 불을 켜 놓고 학교에 간다. |
| | 4) 방문을 잠그지 않고 학교에 간 적도 있다. | 5) 가스 불에 냄비를 올려놓고 외출한 적도 있다. |

보기

**미나** 오늘 안색이 안 좋은데 어디 아프니?
**유리** 아픈 건 아니고 기숙사 방 친구 때문에 며칠 잠을 설쳐서 그래.
**미나** 그래? 나도 같이 사는 친구 때문에 스트레스를 많이 받고 있어. 네 방 친구가 어떻게 하길래 잠을 설쳤니?
**유리** 나는 추위를 많이 타는데 방 친구는 덥다면서 항상 에어컨을 켜 **놓은 채** 잠을 자. 그러니까 나는 새벽녘에 추워서 잠을 깨게 돼. 그렇게 며칠 잠을 설쳤더니 오늘은 정말 피곤하다. 그런데 너랑 같이 사는 친구는 어떤 문제가 있어?

# 연습해 봅시다

• 지명의 유래에 대한 대화입니다. 보기 와 같이 이야기하십시오.

| 지명 | 유래 |
|---|---|
| 보기 우산각골<br>(서울특별시 신설동과 보문동) | 조선 세종 때 청렴결백하기로 유명한 유관이라는 정승이 이곳에 살았는데 비가 오는 날에는 비가 새는 집에서 우산을 받치고 책을 읽었다. |
| 1) 압구정동<br>(서울특별시 강남구) | 압구정은 조선 세조 때의 공신 한명회의 호이자 그가 만든 정자의 이름이다. 평생 동안 높은 벼슬을 하면서 엄청난 재산을 쌓고 권력을 누리며 산 한명회가 '이제 그만 권력에서 벗어나 갈매기와 벗하며 살겠다'는 뜻으로 정자의 이름을 압구정이라고 지었다고 한다. |
| 2) 서귀포<br>(제주특별자치도 서귀포시) | 중국 제나라 출신 서복이라는 사람이 진시황의 명을 받고 불로초를 찾으러 제주도에 왔다가 정방폭포 암벽에 자신이 왔다 갔다는 내용의 글자를 새겨 놓고 다시 서쪽으로 돌아갔다. 서귀포(西歸浦)는 서복이 서쪽으로 돌아간 포구를 줄여서 쓰는 말이다. |
| 3) | |

보기

**가** 혹시 '우산각골'이라는 지명을 들어 본 적이 있어요?

**나** 아니요, 처음 들었는데요. 계곡 이름이에요?

**가** 서울에 있는 마을 이름이에요. 신설동과 보문동에 걸쳐 있어요.

**나** 그런데 마을 이름에 '우산'이라는 말이 들어 있는 이유가 있어요?
그 이름의 유래를 알아요?

**가** 네, 그 마을에는 조선 세종 때 청렴결백하기로 유명한 유관이라는 정승이 살았는데 비가 새는 집에서 우산을 받친 채 책을 읽었다고 해요.
그래서 마을 이름을 '우산각골'이라고 했대요.

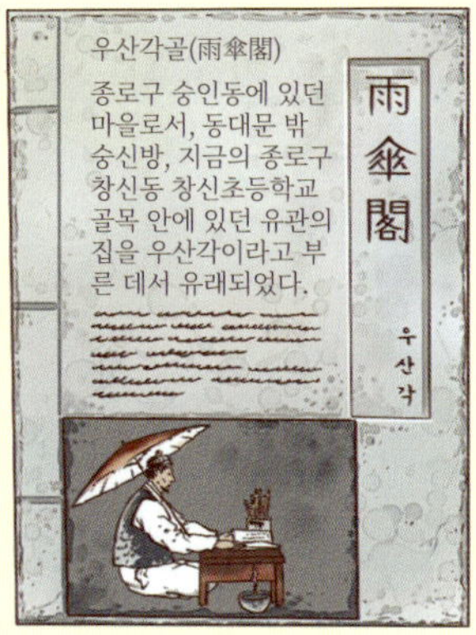

# 2. 유교의 나라 조선

- 위에 있는 인물들이 누구인지 알고 있습니까?
- 여러분이 조선 왕조에 대해서 알고 있는 것을 이야기해 보십시오.

**발표자** '유교의 나라 조선'에 대해서 살펴보았습니다. 지금까지 말씀드린 것을 요약해 보면 조선은 태조 이성계가 고려를 멸망시키고 건국한 나라입니다. 1392년부터 1910년까지 519년 동안 27명의 왕이 조선을 통치했습니다. 그리고 조선은 성리학을 근본 사상으로 삼아서 유교 문화를 꽃피웠으며 양반과 천민 등으로 구분한 신분 제도가 있었습니다. 임진왜란이나 병자호란 같은 전쟁을 겪으면서 조선의 백성들이 나라를 지키기 위해서 많은 희생을 치렀건만 1910년 일본과 한일합병조약을 맺게 되면서 조선 왕조는 역사의 막을 내리게 됩니다. '고요한 아침의 나라', '동방예의지국' 등 조선을 일컫는 말들이 많은데 저는 이 발표를 준비하면서 조선이야말로 진정한 '유교의 나라'가 아닌가 하는 생각이 들었습니다.

그럼 이상으로 제 발표를 마치겠습니다. 혹시 질문이나 의견이 있으면 말씀해 주시기 바랍니다.

통치하다 성리학 사상 양반 천민 임진왜란 병자호란 일컫다

# 어휘

## 어휘1

| 국가와 왕 | 제도 | 유물과 유적 |
|---|---|---|
| 멸망하다 | 실시하다 | 창제하다 |
| 즉위하다 | 폐지하다 | 편찬하다 |
| 계승하다 | 개편하다 | 제작하다 |
| 통치하다 | 채택하다 | 완공되다 |

• 조선 시대 연표입니다. (      ) 안에 알맞은 표현을 쓰십시오.

**연표**

1392 - 태조 이성계가 조선을 건국하다.
1404 - 경복궁, 창덕궁이 ( 보기 완공되다 ).
1434 - 장영실이 자격루를 제작하다.
1443 - 세종 대왕이 훈민정음을 ① (                    ).
1592 - 이순신이 한산도 대첩에서 승리하다.
1610 - 허준이 동의보감을 ② (                    ).
1636 - 병자호란이 발발하다.
1725 - 영조가 탕평책을 ③ (                    ).
1796 - 수원 화성이 완공되다.
1876 - 일본과 강화도 조약을 체결하다.
1894 - 과거제를 ④ (                    ).
1897 - 고종이 대한제국의 초대 황제로 ⑤ (                    ).

**경복궁**

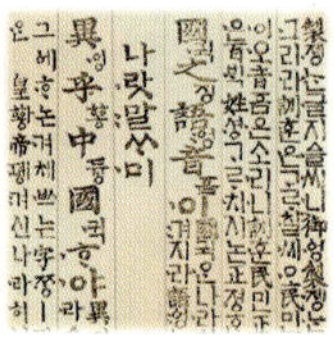

**훈민정음**

**동의보감**

**고종 황제**

• 조선 시대에 여러분의 나라에서는 무슨 일이 있었습니까? 보기 와 같이 이야기하십시오.

보기

**가** 이 시기에 중국에서는 명나라가 **멸망하고** 청나라가 **건국됐어요.** 그리고 중국도 19세기 후반에 과거 제도를 **폐지했어요.**

**나** 1837년에 영국에서는 빅토리아 여왕이 **즉위했어요.** 빅토리아 여왕은 왕위를 **계승한** 후에 64년 동안 영국을 **통치했는데** 이 시기를 '빅토리아 시대'라고 해요.

**가** 빅토리아 시대에 청나라와 영국이 아편전쟁을 했잖아요?

**나** 맞아요. 이 전쟁에서 영국이 승리한 후에 청나라와 난징조약을 체결했어요.

어휘2

| | |
|---|---|
| 천민 | 영세민 |
| 농민 | 이재민 |
| 빈민 | 이주민 |
| 난민 | 토착민 |

• 구세군 자선냄비에 대한 기사입니다. (        )에 알맞은 단어를 쓰십시오.

1891년 성탄이 가까워 오던 어느 날 미국의 샌프란시스코에서 구세군의 자선냄비가 첫 종소리를 울렸다. 도시의 가난한 ( 보기 빈민 )들과 갑작스런 재난으로 집을 잃고 슬픈 성탄을 맞이하게 된 ① (            )들을 돕기 위해서 한 구세군 사관이 주방에서 사용하던 큰 쇠솥을 거리에 내걸면서 시작되었다고 한다.

자선냄비로 모금한 돈은 긴급 이재민 구호뿐만 아니라 수입이 적어서 생계가 어려운 ② (            ) 구호와 전쟁이나 종교적, 정치적 박해를 피해서 탈출한 ③ (            )들을 위한 임시 수용 시설 지원에도 쓰이고 있다. 특히 올해는 자연재해로 인해 농작물과 가축을 키우는 ④ (            )들이 피해를 많이 입었는데 이들을 위한 지원금으로도 쓰일 계획이라고 한다.

• 위의 단어를 사용해서 보기 와 같이 이야기하십시오.

보기

가 요즘 국제 사회의 화두가 되고 있는 **난민** 문제에 대해서 캐나다 국민들은 어떻게 생각해요?

나 캐나다는 이민자가 많은 나라여서 **난민**에 대해서도 포용적인 것 같아요. 자신의 조상들도 **토착민**이 아니라 **이주민**이었기 때문에 역지사지의 마음으로 **난민** 문제를 바라보는 사람들이 많아요.

가 안 그래도 얼마 전에 뉴스에서 봤는데 캐나다의 일부 초등학교는 가정 통신문에 동봉된 안내장을 15개 국어로 썼더라고요.

나 다문화 사회에서 발생할 수 있는 문제나 갈등을 최소화하기 위한 방편이지요. 캐나다에서는 어릴 때부터 서로의 다름을 인지하도록 교육하고 있어요.

## -건만

동사나 형용사에 붙어서 앞의 내용에서 기대되는 것과 다른 결과가 일어나서 아쉬움을 나타낸다.

- 그는 모든 일에 최선을 다 하건만 왜 인정을 받지 못하는 걸까?
- 이렇게 노래 실력이 뛰어나건만 매번 오디션에서 떨어지다니!
- 내가 몇 번을 설명했건만 학생들은 이해하지 못했다.
- 제시간에 출발했으면 벌써 도착하고도 남았겠건만 아직 연락이 없다.

가 앞으로 무슨 일을 하고 싶으세요?
나 글쎄요. 어렸을 때는 꿈이 많았건만 나이가 드니까 특별히 하고 싶은 일도 없네요.

가 요즘 민수 씨가 경제적으로 힘들다고 하던데 아무 얘기 안 해요?
나 도와 달라고 했으면 도와주겠건만 자존심 때문인지 아무 말도 안 해요.

- 다음은 신문 기사입니다. 보기 와 같이 이야기하십시오.

연세일보

보기 "명문대를 수석 졸업한 청년, 대기업 취업 실패하자 전문대 입학"

② 서울제약, 10년 동안 막대한 금액 투자에도 신약 개발 실패

③ "3선 의원, 활발한 의정 활동을 했음에도 이번 총선에서는 공천도 못 받아"

① 한국 대표팀 다섯 번째 결승 진출, 이번에도 금메달 획득 실패

④ "국제 영화제에서 수상, 흥행에는 실패"

⑤ "국민 소득은 증가, 국민행복 지수는 낮아져"

**보기**

가 쯧쯧쯧, 요즘 왜 이렇게 안타까운 뉴스가 많은지 모르겠어요.
나 무슨 기사가 났길래 그래요?
가 한 청년이 명문대를 수석으로 졸업했건만 대기업 입사 시험에서 계속 떨어졌나 봐요. 그래서 전문대에 다시 입학했대요.
나 저런, 명문대를 수석으로 졸업했건만 왜 취업이 안 됐을까요?
가 그러게 말이에요. 그리고 또 이런 기사도 있어요.

# 연습해 봅시다

• 조선 시대의 인물에 대한 대화입니다. 보기 와 같이 이야기하십시오.

| 인물 | 업적 | 부정적 결과 |
|---|---|---|
| 보기 세종 대왕 | 세종 대왕은 글을 모르는 백성들이 안타까워서 한글을 창제했다. | 양반들은 계속 한문을 주요 표기법으로 사용했고 한글을 언문이라고 무시했다. |
| 1) 이순신 장군 | 이순신 장군은 한산도 대첩을 비롯한 여러 차례의 해전에서 승리했다. | 왕의 명령에 불복했다고 파면되었고 백의종군하게 되었다. |
| 2) 정조 | 정조는 새로운 도시에서 개혁 정치의 이상을 펼치고 실현하고자 수원에 화성을 축조했다. | 정조는 뜻을 펴지 못하고 화성이 완공된 이듬해에 세상을 떠났다. |
| 3) | | |

보기

**가** 조선 시대를 대표할 수 있는 인물이 누구라고 생각해요?

**나** 저는 세종 대왕이야말로 조선을 대표하는 분이라고 생각해요. 세종 대왕이 아니었더라면 우리는 아직도 우리의 말과는 맞지 않는 글자를 배우느라고 고생하고 있었을 거예요.

**가** 하지만 처음 한글을 **창제했을** 때 모든 백성들이 좋아한 것은 아니었다면서요?

**나** 맞아요. 세종 대왕은 글을 모르는 백성들이 안타까워서 배우기 쉬운 한글을 **창제했건만** 양반들은 계속 한문을 주요 표기법으로 사용했고 한글을 언문이라고 무시했어요.

# 복습

## 1 알맞은 단어를 골라서 (      )에 쓰십시오.

멸망 입증 허구 사상 도읍지 일컫다 얽히다
즉위하다 계승하다 개편하다

고려가 ❶ (            )한 후에 조선의 초대 왕으로 ❷ (            )는/은/ㄴ 이성계는 조선을 고려와는 다른 나라로 만들고 싶어 했다. 그래서 나라 이름도 고려가 아니라 고조선을 ❸ (            )는/은/ㄴ 국가라는 의미에서 조선이라고 지었다. 그리고 고려의 수도였던 개경에서 한양으로 ❹ (            )도 옮겼고 조세 제도나 과거 제도도 조선의 실정에 맞게 ❺ (            )었다/았다/였다. 또한 성리학을 나라의 근본 ❻ (            )으로/로 삼아서 유교 문화를 꽃피웠다. 이로 인해 사람들은 조선을 '유교의 나라'라고 ❼ (            )기도 한다.

## 2 다음 문법을 사용하여 이야기를 완성하십시오.

-은 채 -건만

가 독립운동을 하시던 분들 중에는 해방된 조국을 ❶ ______________(보지 못하다) 감옥에서 숨을 거두신 분들이 많아요.

나 그렇게 많은 분들의 희생으로 나라를 ❷ ______________(되찾았다) 얼마 되지 않아서 전쟁으로 다시 나라가 두 동강이 났으니 돌아가셔서도 편히 눈을 감지 못하셨을 것 같아요.

# 부록

## 연습 문제
## 모범 답안(교재)
## 연습 문제 답안
## 색인(어휘·문법)

# 1과 <1> 한국어의 특징

## 어휘

1. 알맞은 단어를 골라서 (　　) 안에 쓰십시오.

| 개괄적 | 변천 | 상용 | 특질 | 미묘하다 | 짚다 |
|---|---|---|---|---|---|

1) 한복 박물관에 가면 한복의 (　　　　　　) 과정을 한눈에 살펴볼 수 있다.
2) 오늘 회의에서는 새로운 사업에 관한 내용을 깊게 다루지 못하고 (　　　　　　)인 논의만 했다.
3) 더 큰 사고를 막기 위해서라도 이번 사고의 원인을 명확하게 (　　　　　　)고 넘어가야 한다.
4) 일본어를 표기하는 데에 한자도 쓰이기 때문에 일본어를 배울 때는 (　　　　　　) 한자도 공부해야 한다.
5) 언뜻 똑같아 보이는 그림이지만 자세히 살펴보면 선이나 색깔에 (　　　　　　)는/은/ㄴ 차이가 있다.

## 문법 -거니와

1. 보기 와 같이 문장을 만드십시오.

> 보기 김 대리는 업무 능력도 훌륭하다 / 인간관계도 원만해서 상사와 동료들에게 좋은 평가를 받고 있다.
> → 김 대리는 업무 능력도 훌륭하거니와 인간관계도 원만해서 상사와 동료들에게 좋은 평가를 받고 있다.

1) 제품이 고가이기도 하다 / 디자인도 내 취향과 맞지 않아서 안 샀다.
→ ______________________________.

2) 우리 가족은 멀리 떨어져 살다 / 각자 바빠서 모일 기회가 거의 없다.
→ ______________________________.

3) 바람도 많이 불었다 / 건물이 나무로 만들어져서 화재의 피해가 컸다.
→ ______________________________.

4) 두 작가는 작품 활동을 한 시기도 같다 / 주제와 표현 방식도 비슷해서 혼동하는 사람들이 많다.
→ ______________________________.

5) 기름값도 많이 올랐다 / 환경 보호에 대한 사람들의 의식도 높아져서 에너지를 적게 소비하는 자동차가 인기를 끌고 있다.
→ ______________________________.

## 2. 보기 와 같이 대화를 완성하십시오.

> 보기 **가:** 올리비아 씨는 외교관이 되려고 러시아어도 배웠다면서요?
> **나:** 네, 러시아어는 발음도 어렵거니와 동사 변화도 복잡해서 배우는 데 시간이 꽤 오래 걸렸어요.

**1) 가:** 버스로 출퇴근하기가 힘들면 차를 한 대 사지 그래?

**나:** ______________________________ 차를 살 돈도 없어.

**2) 가:** 보고서를 쓸 때 꼭 필요한 책이 있다고 하더니 구했어?

**나:** 도서관에 있긴 있는데 ______________________________ 대출도 안 된대.

**3) 가:** 며칠 전 건강 검진을 받았는데 의사 선생님이 술 마시는 횟수를 줄이라고 하셨어.

**나:** 너는 ______________________________ 한 번 마실 때 취하도록 많이 마시는 것도 문제야.

**4) 가:** 이번 영화가 흥행에 성공할 수 있었던 요인이 뭐라고 생각하세요?

**나:** ______________________________.

**5) 가:** 수지 씨가 입사하기를 희망하는 회사에 취직할 수 있을까요?

**나:** ______________________________.

## 어휘

**1. 알맞은 단어를 골라서 (　　) 안에 쓰십시오.**

구두　논문　논술　짜임새　무턱대고　막막하다

1) 동생은 무슨 일만 생기면 (　　　　　) 나에게 해결해 달라고 떼를 쓴다.
2) 결혼이 얼마 안 남았는데 아직도 집을 못 구했으니 어떻게 해야 할지 정말 (　　　　　).
3) 지난주에 열린 전통 가요 공연은 (　　　　　) 있는 무대 구성으로 관객들의 호응을 얻었다.
4) 계약서는 나중에 작성하기로 하고 내일부터 가게에 출근하겠다고 사장님과 (　　　　　)으로/로 약속했다.
5) 20대의 한 물리학자는 젊은 나이에 독창적인 이론을 소개하는 (　　　　　)을/를 발표해 학계의 주목을 받았다.

## 문법 -는다는/ㄴ다는/다는 것이다

**1. 보기 와 같이 문장을 쓰십시오.**

보기 근본적인 해결책이 마련되지 않으면 매년 같은 재해가 반복될 수 있는 것이 문제이다.
→ 문제는 근본적인 해결책이 마련되지 않으면 매년 같은 재해가 반복될 수 있다는 것이다.

1) 실패한 경제 정책의 부작용이 사회적 약자들에게 직접적 영향을 미치는 것이 문제이다.
→ ______________________________.
2) 스스로가 자신을 드러내지 않으면 아무도 먼저 나를 알아주지 않는 것을 취업을 준비하면서 배웠다.
→ ______________________________.
3) 우리 모두 협력해서 현재의 위기를 극복해야 하는 것을 강조하고 싶다.
→ ______________________________.
4) 글자가 간단하고 수가 적어서 배우기 쉬운 것이 한글의 가장 큰 장점이다.
→ ______________________________.
5) 결론이 무엇이냐가 아니라 어떻게 그러한 결론에 도달했느냐가 중요하다.
→ ______________________________.

## 2. 보기 와 같이 대화를 완성하십시오.

> 보기 **가:** 레오 씨는 여러 나라에서 살아 보셨는데 고향을 떠나 살면서 어려웠던 점은 없으셨나요?
> **나:** 제가 외국 생활을 하면서 느낀 것은 문화가 달라도 사람 사는 건 어디나 비슷하다는 거예요.

**1) 가:** 우리 회사에서 해외에 공장을 더 짓기로 했다면서요?

**나:** 네, 문제는 ________________________________.

**2) 가:** 우리 부서 업무가 상당히 까다롭고 힘든데 잘할 자신이 있습니까?

**나:** 분명히 말씀드릴 수 있는 것은 ________________________________.

**3) 가:** 시험을 앞둔 수험생들에게 응원의 말씀을 부탁드립니다.

**나:** 제가 하고 싶은 말은 ________________________________.

**4) 가:** 새로 나온 휴대 전화의 가장 큰 장점이 무엇인가요?

**나:** ________________________________.

**5) 가:** 교수님께서는 과학 기술의 발달을 부정적으로 바라보고 계시는군요.

**나:** 기술이 발전하는 것 자체는 바람직한 일이라고 생각합니다.

________________________________.

# <1> 언론의 영향력

## 어휘

1. 알맞은 단어를 골라서 (        ) 안에 쓰십시오.

선정성    자본주의    난무하다    시사하다
왜곡하다    재임하다    폄훼하다

1) 폭력적이고 (                    )이/가 지나친 영화는 미성년자 관람 불가 판정을 받는다.
2) 남을 비방하거나 (                    )으면/면 명예훼손으로 고소를 당할 수도 있다.
3) 그 드라마는 역사를 (                    )었다는/았다는/였다는 비난을 받고 있다.
4) 기본 원칙에 어긋나는 선심성 정책들이 (                    )고 있어서 국가의 앞날이 걱정된다.
5) 돌봄 서비스 확대로 저출산 문제를 해결한 해외의 사례는 우리에게 (                    )는/은/ㄴ 바가 크다.

## 문법 -는/은/ㄴ 바

1. 다음에서 알맞은 것을 골라서 보기 와 같이 문장을 완성하십시오.

| | |
|---|---|
| 제가 조사하다 | 유학 생활을 하다 |
| 평소에 느끼다 | 신문에 보도되다 |
| 외국에 소개되다 | 구체적으로 결정되다 |

보기 제가 조사한 바에 따르면 청소년들의 희망 직업 1위가 공무원인 것으로 나타났습니다.

1) 우리 회사에서 출간된 책들은 5개 국어로 번역되어 ____________________ 이/가 있습니다.
2) 임금 인상에 관해서는 아직 ____________________ 이/가 없습니다.
3) 저는 미국에서 ____________________ 이/가 있어서 영어로 의사소통하는 데 큰 어려움이 없습니다.
4) 언론이 사회에 미치는 영향에 대해서 ____________________ 을/를 그대로 말씀하시면 됩니다.
5) ____________________ 과/와 같이 두 사람은 이미 두 달 전에 합의 이혼을 한 상태라고 합니다.

## 2. 보기 와 같이 대화를 완성하십시오.

> 보기 **가:** 음주 운전 사고를 낸 김명수 씨는 구속되겠지요?
> **나:** 네, 3년 전에도 음주 운전 사고를 낸 바가 있기 때문에 이번에는 구속을 피하기가 힘들 것 같아요.

1) **가:** 연예인 음주 운전 사건에 대해서 아시는 것이 있으면 말씀해 주십시오.

**나:** 저는 그 사건에 대해서 ______________________________.

2) **가:** 언론의 정치 개입에 대해서 어떻게 생각하십니까?

**나:** ______________________________ 언론은 항상 중립을 지켜야 한다고 생각합니다.

3) **가:** 회장님, 사원들에게 당부하실 말씀이 있으시면 한마디 해 주십시오.

**나:** 여러분의 노고에 감사드리며 앞으로도 계속 ______________________________.

4) **가:** 우리 대학이 올해의 최우수 교육 기관으로 선정됐다고 해요.

**나:** ______________________________.

5) **가:** 새로 임명된 외교부 장관은 어떤 경력이 있나요?

**나:** ______________________________.

# <2> 대중 매체와 표현의 자유

어휘

1. 알맞은 단어를 골라서 (　　) 안에 쓰십시오.

검열　공방　선례　임원　자칫
가처분　기각되다　휩싸이다

1) (　　　　　) 발을 잘못 디디면 절벽 아래로 떨어질 수 있으니까 조심하세요.
2) 영화계의 반발에도 불구하고 정부는 영상물에 대한 (　　　　　)을/를 강화하고 있다.
3) 약물 복용 논란에 (　　　　　)는/은/ㄴ 선수들은 대회에 출전하지 못했다.
4) 그 사람은 대기업의 고위직 (　　　　　)으로/로 높은 연봉을 받음에도 불구하고 고급 차보다는 중형 차를 선호한다.
5) 영화감독 박 모 씨는 아내에게 이혼을 요구한 후 법적 (　　　　　) 중이다.

문법 **-은/ㄴ 나머지**

1. 보기 와 같이 문장을 바꾸십시오.

보기 자식에 대한 사랑이 지나쳤다 / 자식의 죄까지 뒤집어썼다.
→ 자식에 대한 사랑이 지나친 나머지 자식의 죄까지 뒤집어썼다.

1) 사흘을 굶어서 너무 배가 고프다 / 빵을 훔쳤다고 했다.
→ ______________________________.
2) 김 과장은 거래처 사장의 무례한 행동에 화가 나다 / 회의실에서 나가 버렸다.
→ ______________________________.
3) 입사 시험에 합격했다는 소식을 듣고 너무나 기쁘다 / 왈칵 눈물이 났다.
→ ______________________________.
4) 아들의 사고 소식에 충격을 받다 / 어머니는 그 자리에서 쓰러졌다.
→ ______________________________.
5) 너무 깊이 잠이 들다 / 옆집에 불이 난 줄도 몰랐다.
→ ______________________________.

**2. 보기 와 같이 대화를 완성하십시오.**

> 보기 **가:** 마트에 가더니 왜 아무 것도 안 사 가지고 왔어요?
> **나:** 마트에서 헤어진 여자 친구와 마주쳐서 너무나 당황한 나머지 그냥 나와 버렸어요.

1) **가:** 그 사람은 부모님이 부자라고 하지 않았어요? 왜 저런 집에서 살아요?

**나:** 부모님이 물려주신 재산을 ______________________________.

2) **가:** 면접시험을 봤다더니 어땠어요?

**나:** 아무래도 불합격할 것 같아요. 면접관이 제가 예상하지 못했던 질문을 해서 ______________.

3) **가:** 김미영 대리는 왜 입원했대요?

**나:** 육아와 직장 일을 병행하느라고 ______________________________.

4) **가:** 수상 소식을 듣고 눈물을 흘리셨다고 들었습니다.

**나:** 네, ______________________________.

5) **가:** 그 개그맨이 공황 장애로 활동을 중단했다면서요?

**나:** ______________________________.

# 3과 <1> 법과 질서

어휘

**1. 알맞은 단어를 골라서 (　　) 안에 쓰십시오.**

| 각성하다 | 환원하다 | 탈세 | 혐의 |
|---|---|---|---|
| 연이어 | 준수하다 | 납세 | 축적하다 |

1) 김 회장은 자신의 전 재산을 사회에 (　　　　　　)어서/아서/여서 자선 사업에 쓰도록 가족들에게 유언을 남겼다.
2) 엄청난 수익을 올리면서도 (　　　　　　)의 의무를 제대로 지키지 않는 유튜버들을 국세청이 조사할 예정이다.
3) 독감을 예방하기 위해서는 개인위생 수칙을 (　　　　　　)는/은/ㄴ 것이 중요합니다.
4) 방송인 유영래가 '최고의 예능인'과 '베스트 진행자', '올해의 방송인' 상을 (　　　　　　) 수상했습니다.
5) 현직 경찰관이 택시 기사를 폭행한 (　　　　　　)으로/로 구속됐다.

문법

## 는커녕/은커녕

**1. 보기 와 같이 문장을 만드십시오.**

보기 동생은 나를 돕다 / 방해할 생각만 하고 있어요.
→ 동생은 나를 돕기는커녕 방해할 생각만 하고 있어요.

1) 온라인 저작권 침해 건수가 줄다 / 해마다 증가하고 있다.
→ ______________________________.
2) 올해의 신인왕 선수를 영입했지만 우승하다 / 최하위를 면하기도 힘들 것 같다.
→ ______________________________.
3) 사무실을 옮긴 후에 업무 환경이 개선되다 / 옆 건물의 소음 때문에 더 정신이 없다.
→ ______________________________.
4) 식품 업체들이 가격을 인하하다 / 담합해서 가격을 올려 받고 있다.
→ ______________________________.
5) 사장이 사과를 했는데도 불매 운동이 진정되다 / 점점 더 심해지고 있어요.
→ ______________________________.

## 2. 보기 와 같이 대화를 완성하십시오.

> 보기 **가:** 올해 월급이 작년보다 올랐어요?
> **나:** 월급이 오르기는커녕 줄어들었어요. 회사의 자금난이 심각해서요.

1) **가:** 정부가 규제 완화 정책을 발표한 이후에 외국인들의 투자가 늘었어요?

   **나:** ______________________________ 한국 시장에서 떠나는 분위기예요.

2) **가:** 잃어버린 휴대 전화를 찾아 줬으니 주인이 얼마나 고마웠겠어요.

   **나:** ______________________ 자기가 전화를 했을 때 빨리 안 받았다고 짜증을 내던데요.

3) **가:** 몇 년 전에 분양받은 오피스텔 가격이 많이 올랐어요?

   **나:** ______________________________ 분양가보다 더 떨어졌어요.

4) **가:** 명절 연휴에 어디 좋은 데 다녀오셨어요?

   **나:** ______________________________________________.

5) **가:** 다음 주에 토픽 시험이 있다더니 준비는 잘되고 있어요?

   **나:** ______________________________________________.

# <2> 시민의 역할

어휘

1. 알맞은 단어를 골라서 (  ) 안에 쓰십시오.

번지다 삽시간 미처 대피하다
진입 에워싸다 동참하다

1) 비가 눈으로 바뀌더니 (    )에 온 세상이 하얘졌다.
2) 한국은 2026년에 노인 인구가 전체 인구의 20%인 초고령 사회에 (    )할 전망이다.
3) 우리 팀 선수가 상대팀 수비수들에게 (    )어서/아서/여서 공격 기회를 잡지 못하고 있습니다.
4) 면접관이 회사의 구체적인 발전 전략을 물어볼 거라고는 (    ) 예상하지 못해서 대답을 못했다.
5) 태풍이나 호우가 발생하면 저지대에 사는 사람들은 높은 곳으로 (    )어야/아야/여야 합니다.

문법 조차

1. 보기와 같이 문장을 쓰십시오.

보기 운행 중인 자동차 10대 중 1대는 의무 보험도 가입을 안 했대요.
→ 운행 중인 자동차 10대 중 1대는 의무 보험조차 가입을 안 했대요.

1) 몇몇 희귀병은 의사들이 원인도 밝혀 내지 못하고 있다.
→ ______________________________.
2) 인간의 기본적인 권리를 보장받지 못하고 사는 사람들이 있다.
→ ______________________________.
3) 신고 서 있기도 힘든 높은 구두를 신고 모델들이 패션쇼를 하고 있다.
→ ______________________________.
4) 추락 사고가 난 공사장을 찾아가 보니 작업하는 곳에 안전 난간도 없었다.
→ ______________________________.
5) 지역마다 빈집이 상당수 있지만 구체적인 실태 조사도 이뤄지지 않고 있다.
→ ______________________________.

2. 다음에서 알맞은 것을 골라서 보기 와 같이 대화를 완성하십시오.

주제　걷기　안전 기준　선거 방식
어제 일　숨쉬기

보기 **가**: 논문 준비는 잘되어 가요?
**나**: 아니요, 저는 아직 주제조차 정하지 못했어요.

1) **가**: 내년에 실시되는 국회의원 선거 준비는 잘되고 있어요?
**나**: 웬걸요. ______________________ 확정되지 않아서 답답한 상황입니다.

2) **가**: 요즘 무릎이 아파서 등산을 못 가요.
**나**: 얼른 치료를 받지 않으면 ______________________ 힘들어질 수 있어요.

3) **가**: 영수증으로 사용하는 종이에서 독성 물질이 다량 검출되었대요.
**나**: 그런데 현재까지 ______________________ 없다니 걱정이에요.

4) **가**: 어떻게 1주일 전에 한 약속을 잊어버릴 수가 있어요?
**나**: ______________________.

5) **가**: 알러지가 심한가 봐. 계속 코를 풀고 있네.
**나**: ______________________.

# <1> 한국의 군 복무 제도

어휘

**1. 알맞은 단어를 골라서 (      ) 안에 쓰십시오.**

정비하다    잠잠하다    공론화    공백
정예화    안보

1) 한동안 (                    )던 화산이 폭발의 징후를 보이기 시작했다.
2) 오랜 (                    )을/를 깨고 창작 뮤지컬로 복귀하는 스타 3인을 모셨습니다.
3) 더 많은 사람들이 혜택을 누릴 수 있도록 의료 보험 체계를 (                    )을/ㄹ 예정입니다.
4) 교육청은 교복 착용 문제를 (                    )시킴으로써 해결책을 찾고자 한다.
5) 군은 올해 안에 불필요한 조직을 없애고 소수 (                    )을/를 추진할 계획이다.

문법 **-으려는지/려는지**

**1. 다음을 연결하고 보기 와 같이 쓰십시오.**

| | | | |
|---|---|---|---|
| 보기 | 감기가 올 것 같다 | • | • 물건들을 정리하고 있어요. |
| 1) | 에릭 씨가 이사를 하다 | • | • 아침부터 하늘이 잔뜩 찌푸렸어요. |
| 2) | 오늘도 눈이 내릴 것 같다 | • | • 콧물도 나고 목도 좀 아파요. |
| 3) | 시위를 할 것 같다 | • | • 무릎이 아프다는 말을 자주 해요. |
| 4) | 아이가 키가 크다 | • | • 감독이 선수들을 불러들이고 있어요. |
| 5) | 선수를 교체할 것 같다 | • | • 사람들이 속속 모여들고 있어요. |

보기 감기가 오려는지 콧물도 나고 목도 좀 아파요.

1) ______________________________.
2) ______________________________.
3) ______________________________.
4) ______________________________.
5) ______________________________.

**2. 보기 와 같이 대화를 완성하십시오.**

> 보기 **가**: 요즘 이 동네 아파트 시세가 어떤가요?
> **나**: 집값이 또 오르려는지 매물이 전혀 없어요.

**1) 가**: 언니, 우리 예쁜 조카는 잘 크고 있어?

**나**: 응. ______________________________ 요즘 얼마나 잘 먹는지 몰라.

**2) 가**: 김영수 씨는 왜 안 들어와요? 점심 먹으러 같이 간 거 아니에요?

**나**: ______________________________ 자동차 영업소 안으로 들어갔어요.

**3) 가**: 아까 보니까 영수 씨하고 오래 이야기를 나누던데 무슨 일이에요?

**나**: 영수 씨가 ______________________________ 금단 증상에 대해서 묻더라고요.

**4) 가**: 2월이 거의 끝나 가는데 아직도 추워서 코트를 못 벗겠어요.

**나**: ______________________________.

**5) 가**: 그동안 여기에 아무것도 없었는데 무대가 생겼네요.

**나**: ______________________________.

# 4과 <2> 복지와 개인의 삶

어휘

1. 알맞은 단어를 골라서 (    ) 안에 쓰십시오.

힘겹다 　 국민 청원 　 토로하다 　 겨냥하다
속속 　 누리다 　 보유하다

1) 누구든지 (            ) 게시판에 의견을 올리면 정부에서 답변을 달아 준다.
2) 내년 상반기에 새로운 기능을 탑재한 휴대폰들이 (            ) 등장할 예정이다.
3) 일부 극성팬들의 행동에 고충을 (            )는/은/ㄴ 연예인이 많다.
4) 1인 가구를 (            )는/은/ㄴ 소포장 식품이 다양하게 출시되었다.
5) 10년 이상 호황을 (            )던 야구 경기의 입장권 수익이 점차 줄고 있다.

문법 　 지

1. 보기 와 같이 문장을 만드십시오.

보기 영수는 말만 심하게 하다 / 마음은 따뜻한 사람이야.
→ 영수는 말만 심하게 하지 마음은 따뜻한 사람이야.

1) 케이팝(K-pop)은 마리아 씨가 잘 알다 / 저는 잘 몰라요.
→ ________________________________________.
2) 쓰기 공부만 열심히 하다 / 듣기 공부는 제대로 못했어요.
→ ________________________________________.
3) 에릭 씨는 아침에 커피만 마시다 / 다른 건 안 먹어요.
→ ________________________________________.
4) 아이는 관심과 사랑이 필요하다 / 잔소리와 충고가 필요한 게 아니에요.
→ ________________________________________.
5) 직원들의 복지가 우선이다 / 회사 이익이 조금 주는 게 뭐가 문제예요?
→ ________________________________________.

**2. 다음에서 알맞은 것을 골라서 보기 와 같이 대화를 완성하십시오.**

| | |
|---|---|
| 보통 집에 있다 | 흰색 셔츠가 어울리다 |
| 출퇴근용 차가 필요하다 | 고기를 별로 안 좋아하는 것이다 |
| 업무 능력이 중요하다 | 의미가 있는 일을 하고 싶다 |

보기 **가:** 아이돌은 연습이나 공연이 없을 때 뭘 할까?
**나:** 활동이 없을 때는 보통 집에 있지 외출을 잘 안 한대.

**1) 가:** 청바지에 푸른색 셔츠가 어울릴까요?
**나:** 청바지에는 ______________________ 푸른색 셔츠는 잘 안 어울려요.

**2) 가:** 사회적 지위도 있는데 이 차는 사장님께 너무 작지 않습니까?
**나:** 저는 ______________________ 남에게 과시하기 위한 차는 필요 없어요.

**3) 가:** 영수 씨, 영수 씨가 고기를 못 먹어서 오늘 회식은 횟집에서 한대요.
**나:** ______________________ 고기를 못 먹는 건 아닌데요.

**4) 가:** 그 회사가 급여도 높을 텐데 오라는 제의를 왜 거절했어?
**나:** ______________________.

**5) 가:** 팀장 업무를 맡기기에 김 과장은 너무 어리지 않아요?
**나:** ______________________.

# 5과 <1> 성공의 의미

어휘

1. 알맞은 단어를 골라서 (　　) 안에 쓰십시오.

출세　시련　마음가짐　칠전팔기
명성　재기　추구하다

1) (　　　　　)의 정신으로 계속 도전하더니 결국 원하던 대학에 합격했구나.
2) 경기 중에 큰 부상을 당한 선수가 (　　　　　)을/를 위해서 재활 훈련에 매진하고 있다.
3) 김 박사는 컴퓨터 전문가로 우리나라뿐만 아니라 해외에서도 (　　　　　)을/를 떨치고 있다.
4) 새해가 되었으니 새로운 (　　　　　)으로/로 한 해를 시작해야겠다.
5) 변호사로 능력을 인정받은 그는 얼마 전에 국회의원으로 당선돼 (　　　　　) 가도를 달리고 있다.

## 문법 -이란/란

1. 다음에서 알맞은 것을 골라서 보기 와 같이 문장을 완성하십시오.

| | |
|---|---|
| 성숙한 사람 | 가치 있는 삶 |
| 훌륭한 사람 | 참된 스승 |
| 좋은 인연 | 진정한 성공 |

보기 성숙한 사람이란 마음이 너그럽고 어른스러운 사람이라고 생각해요.

1) ______________________ 서로에게 좋은 영향을 미치는 인간관계라고 생각해요.
2) __________ 지식뿐만 아니라 제자가 인생을 올바르게 살 수 있도록 가르쳐 주는 사람이라고 생각해요.
3) ______________________ 자신이 정한 목표를 달성하기 위해서 열심히 노력하는 삶이라고 봐요.
4) ______________________ 여러 면에서 우리들이 본받을 만한 사람이라고 할 수 있습니다.
5) ______________________ 스스로가 이룬 일에 대해서 만족과 보람을 느끼는 것이라고 생각합니다.

## 2. 보기 와 같이 대화를 완성하십시오.

> 보기 **가:** 좋은 지도자는 어떤 사람이라고 생각하세요?
> **나:** 좋은 지도자란 사람들을 좋은 방향으로 이끌어 가는 사람이라고 생각해요.

**1) 가:** 기업에서는 어떤 인재를 필요로 할까요?

**나:** ____________________ 회사를 지금보다 더 성장시켜 나갈 수 있는 역량을 지닌 사람이라고 생각해요.

**2) 가:** 오늘 뉴스에서 입법부라는 단어를 들었는데 그게 뭐예요?

**나:** ____________________________________________ 법률 제정을 담당하는 국가 기관이에요.

**3) 가:** 저는 손톱을 물어뜯는 버릇이 있는데 좀처럼 고치기가 힘들어요.

**나:** ____________________________________________________________ 쉽지 않은 일이에요.

**4) 가:** 자아실현이 뭐라고 생각하세요?

**나:** ____________________________________________________________________________.

**5) 가:** 요즘 가족에 대한 의미가 많이 바뀌고 있는데 현대 사회에서 가족이 지니는 의미는 뭘까요?

**나:** ____________________________________________________________________________.

어휘

## 1. 알맞은 단어를 골라서 (    ) 안에 쓰십시오.

수행 직무 고안하다 동향
진취적 실무 열의 직군

1) 증권 회사에서 일하려면 우리나라 경제뿐만 아니라 세계 경제 (        )을/를 빠르게 파악해야 합니다.
2) 무슨 일이든지 성공하려면 한번 마음을 먹은 일을 적극적으로 밀고 나가는 (        ) 자세가 필요하다.
3) 회사에서 인턴으로 일하게 되면 (        ) 경험을 쌓을 수 있어요.
4) 일할 능력이 있는지를 알아보는 업무 (        ) 능력 평가에서 낮은 점수를 받으면 승진하기 어렵다.
5) 할아버지는 많은 나이에도 불구하고 야간 대학에 하루도 빠짐없이 출석하며 공부에 대한 (        ) 을/를 보이셨다.

문법

## -는 한이 있더라도

## 1. 다음을 연결하고 보기 와 같이 쓰십시오.

| | | |
|---|---|---|
| 보기 | 설령 사표를 쓰다 | 상대국이 제시한 조건은 수용할 수 없습니다. |
| 1) | 회담이 결렬되다 | 계약을 꼭 성사시켜야 합니다. |
| 2) | 전 재산을 날리다 | 상사의 부당한 지시를 따를 수 없습니다. |
| 3) | 하늘이 두 쪽이 나다 | 콘서트 표를 꼭 구하고 말겠습니다. |
| 4) | 경기장에서 뛰다가 죽다 | 경기에서 반드시 이기겠습니다. |
| 5) | 밖에서 밤새도록 줄을 서다 | 10년 동안 구상해 온 사업을 꼭 시작해 보고 싶습니다. |

보기 설령 사표를 쓰는 한이 있더라도 상사의 부당한 지시를 따를 수 없습니다.

1) ______________________________.
2) ______________________________.
3) ______________________________.
4) ______________________________.
5) ______________________________.

**2.** 보기 **와 같이 대화를 완성하십시오.**

> 보기 **가:** 잠 좀 자 가면서 일하세요. 이러다가 쓰러지겠어요.
> **나:** 쓰러지는 한이 있더라도 이번 주 안으로 맡은 일을 끝내야 해요.

1) **가:** 부모님이 심하게 반대하시는데도 남자 친구와 결혼할 거예요?

**나:** 네. ______________________________ 남자 친구와 결혼할 거예요.

2) **가:** 대출까지 받아서 주식 투자를 하는 건 좀 위험하지 않을까요?

**나:** ______________________________ 이 주식은 꼭 사야 해요.

3) **가:** 죽음을 무릅쓰고 국경을 넘는 난민들은 어떤 꿈을 가지고 있을까요?

**나:** ______________________________ 내전과 굶주림에서 벗어나고 싶을 거예요.

4) **가:** 그렇게 돈이 없으면 부모님이나 친한 친구에게 빌려 달라고 하지 그래요?

**나:** ______________________________.

5) **가:** 우리나라는 부모들이 자식들의 사교육에 너무 많은 돈을 쓰는 것 같아요.

**나:** ______________________________.

# <1> 기업 활동

## 어휘

1. 알맞은 단어를 골라서 (　　) 안에 쓰십시오.

고수　기호　선발　주력　출시　합작

1) 신형 냉장고는 (　　　　　　)된 지 일주일 만에 2000대나 팔렸다.
2) 면접에서 최종 (　　　　　　)된 합격자들은 다음 달 1일에 정식으로 입사한다.
3) 시 환경 당국은 향후 3년간 시내의 공기 질을 개선하는 데 (　　　　　　)하겠다고 밝혔다.
4) 이 식당은 대학가에 위치하고 있어서 그런지 20대 젊은이들의 (　　　　　　)에 맞는 메뉴들이 많다.
5) 박윤석 씨는 기계의 힘을 빌리지 않고 오로지 자신의 손으로만 구두를 제작한다는 원칙을 30년째 (　　　　　　)하고 있다.

## 문법

### 에 비추어 볼 때

1. 보기 와 같이 문장을 만드십시오.

보기 일반적인 상식 / 아무리 가게 사정이 나빠져도 갑자기 직원을 해고하는 것은 부당하다.
→ 일반적인 상식에 비추어 볼 때 아무리 가게 사정이 나빠져도 갑자기 직원을 해고하는 것은 부당하다.

1) 회사의 현재 상황 / 사업 확장 계획은 미뤄질 것 같다.
→ ______________________________.

2) 비혼이 증가하는 최근의 추세 / 국내 출산율은 더 낮아질 것으로 보인다.
→ ______________________________.

3) 시대적인 흐름 / 문화 산업에서 국가 간의 경계는 더욱 빠르게 허물어질 것이다.
→ ______________________________.

4) 과거 사례 / 이웃을 물어서 다치게 한 반려견의 주인은 처벌받을 가능성이 높다.
→ ______________________________.

5) 현실적인 여건 / 고등학교를 졸업하자마자 부모님에게서 경제적으로 독립하는 것은 쉬운 일이 아니다.
→ ______________________________.

2. 보기 와 같이 대화를 완성하십시오.

> 보기 **가**: 부장님께서 어려운 사람들을 위해서 10년 넘게 꾸준히 기부를 하셨다는 이야기를 듣고 깜짝 놀랐어요.
> **나**: 그래요? 저는 부장님의 평소 언행에 비추어 볼 때 충분히 있을 수 있는 일이라고 생각했어요.

1) **가**: 요즘은 떡볶이 한 접시를 2, 3만 원에 파는 가게들도 있어요.

**나**: ______________________ 지나치게 비싼 가격 아닌가요?

2) **가**: 쓰기 시험에서 항상 95점 넘게 받던 존 씨가 80점밖에 못 받았대요.

**나**: 정말요? ______________________ 이번 시험이 아주 어려웠나 봐요.

3) **가**: 요즘 새로 지어지는 집들은 주로 방이 한두 개뿐인 소형 주택이라고 해요.

**나**: ______________________ 그런 추세는 계속될 것 같아요.

4) **가**: 오늘 경기에서 우리나라 선수가 메달을 목에 걸 수 있을 것으로 보십니까?

**나**: ______________________.

5) **가**: 어린아이를 키우는 부모들이 마음 놓고 일할 수 있게 회사마다 어린이집을 만들면 참 좋을 것 같아요.

**나**: ______________________.

# <2> 기업의 사회 공헌

## 어휘

**1. 알맞은 단어를 골라서 (　　) 안에 쓰십시오.**

| 일각 | 일환 | 위상 | 취지 | 비롯되다 | 제고하다 |
|---|---|---|---|---|---|

1) 한류를 이끈 연예인과 운동선수들은 국가의 (　　　　　　)을/를 높이는 데 큰 역할을 했다.
2) 한 아파트의 이웃 주민 간에 발생한 폭행 사건은 사소한 갈등에서 (　　　　　　)었다/았다/였다.
3) 시의 관광지 개발 계획을 두고 (　　　　　　)에서는 산림 훼손을 우려하는 목소리가 나오고 있다.
4) 정부에서는 물가 안정 정책의 (　　　　　　)으로/로 생활필수품에 붙는 소비세를 낮추겠다고 밝혔다.
5) 최근 개인 정보의 중요성에 대한 인식을 (　　　　　　)기 위한 홍보 활동이 다양한 방식으로 이루어지고 있다.

## 문법 -어/아/여 나가다

**1. 보기 와 같이 문장을 쓰십시오.**

> 보기 우리 매장에서는 환경 보호를 위해서 플라스틱 사용을 줄이기로 했다.
> → 우리 매장에서는 환경 보호를 위해서 플라스틱 사용을 줄여 나가기로 했다.

1) 사업을 할 때에는 거래처와 신뢰를 쌓는 일이 무엇보다도 중요하다.
→ ______________________________.

2) 외국어 공부도 할 겸 원어로 된 소설책을 사서 사전을 찾아 가며 한 장 한 장 읽고 있다.
→ ______________________________.

3) 미래를 이끌 청소년들이 행복하게 자랄 수 있는 세상이 되었으면 좋겠다.
→ ______________________________.

4) 선진국과의 기술력 차이를 좁히려면 연구 개발에 투자를 아끼지 말아야 한다.
→ ______________________________.

5) 고령화에 따라 증가하는 복지 예산을 확보하는 것이 정부가 풀어야 할 숙제이다.
→ ______________________________.

## 2. 보기 와 같이 대화를 완성하십시오.

> **보기** **가:** 처음 한국에 왔을 때 고생을 많이 했지요?
> **나:** 네, 하지만 한국어를 배우고 친구들도 사귀면서 새로운 생활에 조금씩 적응해 나갈 수 있었어요.

1) **가:** 건강을 위해서 운동을 시작했는데 날마다 한 시간씩 하는 게 쉽지 않아.

**나:** 처음부터 너무 욕심내지 말고 ______________________________.

2) **가:** 사무실에 있는 컴퓨터들이 너무 오래돼서 바꿔야 할 것 같은데요.

**나:** 한꺼번에 다 바꿀 만한 예산이 없으니까 ______________________________.

3) **가:** 음악을 포기할까 고민하던 때에 힘이 되어 준 사람이 누구인가요?

**나:** 제 남편입니다. ______________________________.

4) **가:** 언제부터 과학자가 되겠다는 꿈을 가지게 되셨어요?

**나:** ______________________________.

5) **가:** 두 나라가 외교 관계를 회복하려면 어떻게 노력해야 할까요?

**나:** ______________________________.

# <1> 투자와 창업

어휘

## 1. 알맞은 단어를 골라서 (　　) 안에 쓰십시오.

폐지되다　　길이 열리다　　대폭　　활성화
수월하다　　취득하다

1) 서울시는 풍물 거리를 지정하여 지역 경제를 (　　　　　)하기로 했다.
2) 유가가 급등하여 공산품 가격이 (　　　　　) 인상될 것으로 보인다.
3) 올해 수능은 지문이 쉬워져서 수험생들이 문제를 풀기가 (　　　　　)었을/았을/였을 거라는 평가가 많다.
4) 피부 관리사가 되려면 피부 미용사 자격증을 (　　　　　)어야/아야/여야 한다.
5) '부모 숙제'라고 비판을 받아 온 과제형 평가가 내년부터 (　　　　　)는다/ㄴ다/다.

문법

## -는다는/ㄴ다는/다는 점에서

## 1. 다음을 연결하고 보기와 같이 쓰십시오.

| | | | |
|---|---|---|---|
| 보기 | 이 약은 부작용에 대한 보고가 한 건도 없다 • | • 공통점이 있다. | |
| 1) | 두 사람은 개혁적인 성향을 가지고 있다 • | • 공로를 인정받았다. | |
| 2) | 이 크림은 피부의 미백과 탄력을 동시에 잡았다 • | • 안전성을 인정할 수 있다. | |
| 3) | 김치가 암 예방 효과가 탁월하다 • | • 기존의 제품과 차별된다. | |
| 4) | 전임 부시장은 지역 경제 활성화에 크게 이바지했다 • | • 세계인의 주목을 받고 있다. | |
| 5) | 산업은행의 대출 서비스는 매출액이 기준이다 • | • 합리적이라는 평가를 받고 있다. | |

보기 이 약은 부작용에 대한 보고가 한 건도 없다는 점에서 안전성을 인정할 수 있다.

1) ______________________________.
2) ______________________________.
3) ______________________________.
4) ______________________________.
5) ______________________________.

**2. 다음에서 알맞은 것을 골라서 보기 와 같이 대화를 완성하십시오.**

| | |
|---|---|
| 지휘자가 직접 곡을 해설하다 | 건강 불평등을 초래할 수 있다 |
| 경기를 타지 않다 | 테이프와 비닐 끈을 사용하지 않다 |
| 사생활과 인권을 침해할 수 있다 | 장르의 다양성을 확보하다 |

보기 **가:** 토요 콘서트가 다른 콘서트와 다른 점이 뭐야?
**나:** 지휘자가 직접 곡을 해설한다는 점에서 차이가 있어.

1) **가:** 식음료주나 의류주 같은 소비주가 인기가 있는 이유가 있습니까?
**나:** 소비주는 ______________________________ 관심을 끄는 것으로 생각됩니다.

2) **가:** 의료 민영화 정책에 대해서 어떻게 생각하십니까?
**나:** ______________________________ 문제가 있다고 봅니다.

3) **가:** 대형 마트에서 자율 포장대를 없애기로 했대요.
**나:** ______________________________ 환경 보호에 도움이 될 거라고 봐요.

4) **가:** 안면 인식 기술에 대해서 어떻게 생각합니까?
**나:** ______________________________.

5) **가:** 크로스오버 음악이 평론가들에게 좋은 평가를 받았대요.
**나:** ______________________________.

# <2> 국내외 경제 전망

어휘

1. 알맞은 단어를 골라서 (      ) 안에 쓰십시오.

| 체감 | 둔화되다 | 위축되다 | 여파 |
|---|---|---|---|
| 침체 | 접어들다 | 혁신 | |

1) 저출산의 (                    )으로/로 10년 내 생산 가능 인구가 크게 줄어들 것이다.
2) 계속 오르던 서울 아파트값 상승폭이 다소 (                    )었다/았다/였다.
3) 최근 발병한 돼지열병으로 돼지고기 소비가 (                    )어/아/여 어려움을 겪는 농가들이 많다.
4) 경기 (                    )으로/로 기업들이 채용 인력 규모를 줄이고 있다.
5) 40대에 (                    )으면/면 건강와 노후에 대한 대비가 필요하다.

문법

## -는/은/ㄴ 가운데

1. 보기 와 같이 문장을 만드십시오.

보기 해외 명품 브랜드가 판을 치다 / 국산 브랜드가 약진하고 있다.
→ 해외 명품 브랜드가 판을 치는 가운데 국산 브랜드가 약진하고 있다.

1) 관중들이 환호하다 / 양 팀의 선수들이 입장했다.
→ ______________________________.

2) 많은 전문가들이 우리 팀의 패배를 점치다 / 경기가 시작되었다.
→ ______________________________.

3) 전문가들이 지켜보다 / 하반기에 출시될 자동차들이 공개되었다.
→ ______________________________.

4) 피해자들이 보상을 요구하다 / 회사 대표는 죄송하다는 말만을 되풀이했다.
→ ______________________________.

5) 유가 상승이 예상되다 / 반도체 관련 회사에 투자하라는 전략이 제시되었다.
→ ______________________________.

## 2. 다음에서 알맞은 것을 골라서 보기 와 같이 대화를 완성하십시오.

| | |
|---|---|
| 대체로 맑다 | 호투가 이어지다 |
| 서로를 비방하고 비난하다 | 학생과 학부모들이 참석하다 |
| 전 직원이 참석하다 | 노조원들이 거세게 반발하다 |

보기 **가**: 오늘 일기 예보 들었어? 마스크를 써야 할까?
**나**: 대체로 맑은 가운데 초미세 먼지 농도가 '보통'이라고 했어.

**1) 가**: 최근에 우리 팀의 경기력은 어때요?

**나**: 선발 투수진들의 ______________________ 타자들도 좋은 타격감을 보이고 있어요.

**2) 가**: 어제 입학 설명회는 잘 끝났습니까?

**나**: 예상보다 많은 ______________________ 잘 진행되었어요.

**3) 가**: 후보자들의 TV 토론회에서 괜찮은 정책이 나왔어?

**나**: 별 거 없었어. ______________________ 120분간의 TV 토론이 끝났어.

**4) 가**: 임금 인상에 대한 회의 결과는 어땠어요?

**나**: ______________________.

**5) 가**: 올해 우리 회사는 신년 하례식을 안 하기로 했대. 당신 회사는 어때?

**나**: ______________________.

# 8과 <1> 선거와 투표

어휘

**1. 알맞은 단어를 골라서 (　　) 안에 쓰십시오.**

| 검증 | 유세 | 공약 | 지지 |
|---|---|---|---|
| 성향 | 기권 | 개표 | 진보 |

1) 두 대통령 후보의 지지율이 막상막하여서 모두들 손에 땀을 쥐며 (　　　　　) 상황을 지켜보았다.
2) 여당 후보는 일자리를 창출해서 청년 실업률을 줄이겠다는 (　　　　　)을/를 내걸었습니다.
3) 대통령 당선자는 끝까지 자신을 (　　　　　)해 준 국민들에게 감사를 표했다.
4) 보수 (　　　　　)을/를 가진 사람들은 기존의 전통이나 질서를 유지하려고 한다.
5) 국회의원 후보자의 (　　　　　)이/가 열리는 운동장은 유권자들로 발 디딜 틈이 없었다.

문법 **-어/아/여 봤자**

**1. 보기 와 같이 문장을 바꾸십시오.**

> 보기 정부가 환경 보호 정책을 편다고 해도 시민들의 의식이 바뀌지 않으면 소용없어요.
> → 정부가 환경 보호 정책을 펴 봤자 시민들의 의식이 바뀌지 않으면 소용없어요.

1) 경영학을 전공한다고 해도 구직자가 많아서 대기업에 입사하기가 어렵기는 마찬가지예요.
→ ______________________________.
2) 유명 배우들이 출연한다고 해도 연출이 좋지 않으면 영화가 흥행하기 힘들어요.
→ ______________________________.
3) 감독을 교체한다고 해도 선수들이 의지가 없으면 좋은 성적을 거둘 수 없을 거예요.
→ ______________________________.
4) 자격증을 많이 따 놓는다고 해도 지원 분야와 관계가 없으면 소용없어요.
→ ______________________________.
5) 인적이 드문 곳이라서 잘 알려진 빵집이 들어서도 장사가 잘되기 힘들 거예요.
→ ______________________________.

## 2. 보기 와 같이 대화를 완성하십시오.

> 보기 **가:** 물가가 오른 만큼 월급을 올려 달라고 회사에 건의해 볼까요?
> **나:** 요즘 회사 사정이 좋지 않아서 말해 봤자 월급이 인상되기 어려울 거라고 봅니다.

1) **가:** 키가 크는 유전자는 태어날 때부터 정해져 있대요.

**나:** 그래서 ______________________________ 소용없어요.

2) **가:** 김 부장은 다른 동료들의 도움을 많이 받고도 고마워하지를 않네요.

**나:** 고마움을 모르는 사람에게는 ______________________________.

3) **가:** 김 전 장관이 유권자들에게 높은 지지를 받고 있는데 대선에 출마하지 않는 이유가 뭘까?

**나:** 당선이 유력한 다른 후보가 출마해서 ______________________________.

4) **가:** 마스크를 써도 나쁜 공기가 호흡기로 들어간다면서요?

**나:** ______________________________.

5) **가:** 기업 사장의 사과에도 불구하고 소비자들의 불매 운동이 계속되고 있다면서요?

**나:** ______________________________.

어휘

1. 알맞은 단어를 골라서 (　　) 안에 쓰십시오.

| 여당 | 임기 | 국정 | 정당 |
|---|---|---|---|
| 역대 | 출범 | 선출 | 대통령제 |

1) 젊고 패기가 넘치는 국회의원이 (　　　　　　)되기를 바란다.
2) 새 정부가 (　　　　　　)하면서 정부 각 부처의 인사이동이 예상된다.
3) 총선을 앞두고 (　　　　　　)와/과 야당의 대립이 점점 심해지고 있다.
4) 국토교통부 장관은 갑작스러운 사고로 (　　　　　　)을/를 다 채우지 못하고 장관직에서 물러났다.
5) 올림픽에 출전한 선수들이 기대했던 것보다 더 좋은 성적을 거두면서 우리나라는 (　　　　　　) 최고의 성적을 거두었다.

문법 에 달려 있다

1. 다음에서 알맞은 것을 골라서 보기와 같이 문장을 완성하십시오.

| | |
|---|---|
| 사장님의 결정 | 각 팀이 어떤 조건을 제시하느냐 |
| 직원들의 역량 | 사교육 과열 문제를 얼마나 빨리 바로잡을 수 있느냐 |
| 사람들의 적극적인 참여 | 이웃을 얼마나 배려하느냐 |

보기 본사 이전을 단행하느냐 안 하느냐는 사장님의 결정에 달려 있다.

1) 층간 소음 문제의 해결은 ______________________.
2) 신사업이 성공하냐 못하냐는 ______________________.
3) 교육 제도 개혁의 성공 여부는 ______________________.
4) 환경 문제의 개선 여부는 ______________________.
5) 박 선수가 어느 팀으로 이적하냐는 ______________________.

2. 다음 대화를 읽고 보기 와 같이 문장을 쓰십시오.

보기 **가:** 본인의 의지가 없으면 건강을 회복하기 어려워요.
**나:** 맞아요. 약을 먹고 병원에 다닌다고 해서 다 회복하는 건 아닌 것 같아요.
→ 건강을 회복할 수 있냐 없냐는 본인의 의지에 달려 있어요.

**1) 가:** 선수들이 잘하는 것보다는 감독이 지도를 잘해야 시합에서 이기는 것 같아요.
**나:** 맞아요. 선수들이 아무리 잘해도 감독이 작전을 잘못 세우면 지는 경우가 많아요.
→ 시합의 결과는 ____________________.

**2) 가:** 어떻게 하면 재산을 늘릴 수 있을까요?
**나:** 무엇보다도 절약을 해야 한다고 봐요. 검소하게 생활하는 부자들을 보면 느껴지는 게 많아요.
→ 재산을 얼마나 늘릴 수 있냐는 ____________________.

**3) 가:** 부모의 재력으로 출세하는 것을 보면 세상은 공평한 것 같지 않아요.
**나:** 부모가 아무리 재력이 있다고 해도 본인이 노력을 하지 않고서는 출세하기 어렵지요.
→ 출세하느냐 못하느냐는 ____________________.

**4) 가:** 제 주변을 보면 수입이 많지 않아도 본인이 하고 싶어 하는 일을 하는 친구들이 일에 대한 만족감이 높더라고요.
**나:** 맞아요. 행복한 직장 생활을 하려면 일이 적성에 맞는지 안 맞는지를 잘 생각해 봐야 해요.
→ ____________________.

**5) 가:** 기업이 발전하려면 기술 개발도 해야겠지만 인재 관리가 더 중요한 것 같아요.
**나:** 맞아요. 기업에서 필요한 인재들을 확보하는 게 제일 중요하지요.
→ ____________________.

# 9과 <1> 대학 교육

어휘

1. 알맞은 단어를 골라서 (　　　) 안에 쓰십시오.

| 단면 | 수시 | 학술 | 고사장 |
|---|---|---|---|
| 수험생 | 기꺼이 | 범국민적 | 사관학교 |

1) 민수 씨는 내 부탁을 (　　　　　　) 들어주었다.
2) 입시 제도의 개정안이 (　　　　　　)들과 학부모들에게 큰 혼란을 주고 있다.
3) 주한 이란 대사를 만난 교육부 장관은 양국의 과학적 협력과 (　　　　　　) 교류 강화를 위한 방안을 논의했다.
4) 최근에는 대학의 (　　　　　　) 모집 인원이 늘고 정시 모집 인원이 줄었다.
5) 토기 유물은 고대 생활 문화의 (　　　　　　)을/를 엿볼 수 있는 중요한 자료이다.

문법 -기에 앞서서

1. 다음을 연결하고 보기와 같이 쓰십시오.

| | | |
|---|---|---|
| 보기 | 프로젝트를 시작하다. | 같이 일할 팀원끼리 회식을 했다. |
| 1) | 사업을 하다 | 여러분께 먼저 양해 말씀을 드리겠습니다. |
| 2) | 본격적인 탐험을 시작하다 | 실패에 대한 대비책도 마련해 두어야 한다. |
| 3) | 남을 비난하다 | 여론의 향방을 살펴볼 필요가 있다. |
| 4) | 회의를 시작하다 | 자신은 잘못이 없는지 돌아보자. |
| 5) | 정책을 결정하다 | 몇 가지 주의 사항을 알려드리겠습니다. |

보기 프로젝트를 시작하기에 앞서서 같이 일할 팀원끼리 회식을 했다.

1) ______________________________.
2) ______________________________.
3) ______________________________.
4) ______________________________.
5) ______________________________.

2. 보기 와 같이 대화를 완성하십시오.

> 보기 **가:** 요즘 학원가가 졸업과 입학을 앞둔 학생들로 붐비고 있다면서요?
> **나:** 네, 진학이나 취업을 하기에 앞서서 자격증을 따거나 외국어를 배우려는 학생들이 학원을 찾고 있습니다.

1) **가:** 부동산에 투자할 때 유의해야 할 점이 있으면 알려 주십시오.

**나:** ______________________________.

2) **가:** 사회 초년생들은 한 달에 얼마 정도 저축하는 게 좋을까요?

**나:** ______________________________.

3) **가:** 사업을 새로 시작하려는 분들에게 조언 한 말씀 해 주시지요.

**나:** ______________________________.

4) **가:** 수능이 끝난 고3 학생들은 마지막 겨울 방학을 어떻게 보내야 할까요?

**나:** ______________________________.

5) **가:** 위원장님께서 회의를 시작해 주십시오.

**나:** ______________________________.

# <2> 평생 교육의 시대

어휘

1. 알맞은 단어를 골라서 (    ) 안에 쓰십시오.

한도 취득 방침 바우처
학점 은행제 평생 교육 센터 날개를 달다

1) 올해 첫아이를 가진 언니는 출산 관련 (          ) 카드를 신청했다.
2) 금융 기관 등을 통해서 자신의 대출 (          )을/를 조회할 수 있다.
3) 조종사 자격증 (          )을/를 위한 교육 과정을 개설하는 대학들이 늘고 있다.
4) 반대 의견이 많지만 기존 (          )대로 입시 제도 개편을 추진할 계획이다.
5) 대형 기획사로의 이적은 연예인들의 활동에 (          )어/아/여 주는 일이다.

## 문법 -으나마/나마

1. 보기 와 같이 문장을 바꾸십시오.

보기 누추하다 / 잠시 들어오셔서 쉬었다가 가시지요.
→ 누추하나마 잠시 들어오셔서 쉬었다가 가시지요.

1) 약소하다 / 성의라고 생각하시고 받아 주십시오.
→ ______________________________.
2) 작다 / 내 집을 마련하게 되어서 너무 기쁩니다.
→ ______________________________.
3) 서투르다 / 제 솜씨를 보여드리고 싶었습니다.
→ ______________________________.
4) 발 벗고 나서지는 못하다 / 힘닿는 데까지 도와드리겠습니다.
→ ______________________________.
5) 하루이다 / 좀 쉬고 나니까 피곤이 풀리는 것 같아요.
→ ______________________________.

**2. 보기 와 같이 대화를 완성하십시오.**

> 보기 **가:** 영수 씨가 선배들의 심부름을 잘해 준다며 다들 칭찬을 많이 하던데요.
> **나:** 제가 선배들의 도움을 많이 받고 있는데 심부름이나마 해드릴 수 있어서 기쁠 따름입니다.

**1) 가:** 지진으로 피해를 입은 이재민들을 위해서 1억 원을 기부해 주셨다면서요?

**나:** ________________________ 피해 지역 주민들에게 도움이 되었으면 합니다.

**2) 가:** 이 요리들을 직접 다 하셨다면서요?

**나:** ________________________ 열심히 만들어 봤는데 음식이 입에 맞을지 모르겠습니다.

**3) 가:** 평생 고생만 하시다가 돌아가셔서 마음이 너무 아파요.

**나:** ________________________ 이제 편히 쉬시기를 바랄 뿐이에요.

**4) 가:** 같은 서울에 살면서도 이렇게 동문회 때나 서로 얼굴을 보네요.

**나:** ________________________.

**5) 가:** 회식 분위기가 너무 가라앉아 있는데 김 대리가 분위기 좀 살려 보세요.

**나:** ________________________.

어휘

1. 알맞은 단어를 골라서 (      ) 안에 쓰십시오.

터　궁궐　전설　멸망　도읍지
연합군　얽히다　뒤집어쓰다

1) (              )이/가 좁아서 지하철 역 근처에 아파트를 짓기는 힘들 것 같습니다.
2) 한국과 미국의 (              )이/가 적의 공격에 대비한 훈련을 하고 있다.
3) 아버지는 하늘을 바라보며 별자리에 (              )는/은/ㄴ 여러 이야기를 들려주셨다.
4) 이 계곡에는 선녀가 하늘에서 내려와 목욕을 했다는 (              )이/가 있다.
5) 동생은 화가 나면 자기 방에 들어가서 이불을 (              )고 꼼짝도 안 한다.

문법 -은/ㄴ 채

1. 다음을 연결하고 보기 와 같이 쓰십시오.

| | | |
|---|---|---|
| 보기 | 동생은 피곤했는지 벽에 기대다 ●·····● | 그대로 잠이 들었어요. |
| 1) | 자신의 실수를 인정하는 듯이 영수는 고개를 숙이다 ● | ● 가게 문을 열고 영업하면 안 됩니다. |
| 2) | 수험생들은 주말과 휴일도 잊다 ● | ● 회의가 끝나 버렸다. |
| 3) | 내년 예산 규모에 대한 결론을 내리지 못하다 ● | ● 아무 말도 하지 않았어요. |
| 4) | 에어컨을 켜 놓다 ● | ● 막바지 시험 준비를 하고 있습니다. |
| 5) | 놀라서 신발도 신지 않다 ● | ● 밖으로 뛰어나왔어요. |

보기 동생은 피곤했는지 벽에 기댄 채 그대로 잠이 들었어요.

1) ______________________________.
2) ______________________________.
3) ______________________________.
4) ______________________________.
5) ______________________________.

## 2. 보기 와 같이 대화를 완성하십시오.

> 보기 **가:** 아파트 건설 현장에서 부상자가 발생했다면서요?
> **나:** 네, 안전모를 쓰지 않은 채 일하다가 사고를 당해서 크게 다쳤대요.

**1) 가:** 왜 거래처에서 계약을 취소한 겁니까?

**나:** 모르겠어요. ______________________ 일방적으로 계약을 취소해 버렸어요.

**2) 가:** 기침이 심한 것 같은데 병원에는 갔다 왔어요?

**나:** 네, ______________________ 감기에 걸린 것 같아요.

**3) 가:** 왜 눈이 그렇게 충혈이 됐어요?

**나:** 어제 너무 피곤해서 ______________________.

**4) 가:** 기숙사 화재의 원인이 뭐라고 합니까?

**나:** ______________________.

**5) 가:** 실종됐던 김 모 씨를 발견했다면서요?

**나:** ______________________.

# <2> 유교의 나라 조선

어휘

1. 알맞은 단어를 골라서 (　　) 안에 쓰십시오.

사상　양반　천민　성리학
임진왜란　병자호란　일컫다　통치하다

1) 조선은 대한제국이 수립되기 전까지 26명의 왕이 나라를 (　　　　　)었다/았다/였다.
2) 예전에는 남아 선호 (　　　　　) 때문에 성비의 불균형이 심했었다.
3) 조선 시대에 (　　　　　)과/와 상민 사이에 존재하는 신분층으로 중인이 있었다.
4) 이순신 장군은 (　　　　　) 당시 해상에서 큰 승리를 거두었다.
5) 일반적으로 소비자를 (　　　　　)을/ㄹ 때 '고객' 혹은 좀 더 높여 '고객님'이라고도 합니다.

문법　-건만

1. 보기 와 같이 문장을 바꾸십시오.

보기 선생님이 벌써 여러 번 설명을 했다/ 내가 이해를 못한 것 같아요.
→ 선생님이 벌써 여러 번 설명을 했건만 내가 이해를 못한 것 같아요.

1) 영업 판매팀은 언제나 열심히 일하다 / 성과가 그다지 좋지 않다.
→ ______________________________.
2) 한국에 온 지 10년이 다 되었다 / 아직도 의사소통이 힘들 때가 있어요.
→ ______________________________.
3) 박민호 씨는 능력이 있는 사람이다 / 여태 능력 발휘를 못하고 있네요.
→ ______________________________.
4) 우리가 세 시간을 기다렸다 / 거래처 사람은 한 명도 오지 않았어요.
→ ______________________________.
5) 간곡히 부탁했다 / 사장님은 끝내 제 부탁을 들어주지 않았어요.
→ ______________________________.

## 2. 보기 와 같이 대화를 완성하십시오.

> 보기 **가:** 김 대리는 이번에도 승진을 못했다면서요?
> **나:** 네, 항상 열심히 일하건만 왜 승진을 못하는지 모르겠어요.

1) **가:** 아이가 영어 공부를 열심히 한다더니 성적이 많이 올랐어요?

**나:** ______________________________ 왜 성적이 안 오를까요?

2) **가:** 고시원 방화 사건의 범인이 잡혔대?

**나:** ______________________________ 아직 범인에 대한 작은 단서도 못 찾았나 봐요.

3) **가:** 임대 주택 보급 확대 정책으로 집값이 안정되고 있습니까?

**나:** ______________________________ 집값은 여전히 불안합니다.

4) **가:** 심한 농담을 해서 친구가 화가 났다더니 친구랑 화해했어요?

**나:** ______________________________.

5) **가:** 논문 발표 준비한다고 친구들 모임에도 안 가더니 발표는 잘했어요?

**나:** ______________________________.

# 모범 답안(교재)

## 1-1 한국어의 특징

☆ 어휘1

① 동사는 ② 형용사는 ③ 관형사를 ④ 감탄사는
⑤ 조사

☆ 어휘2

① 어원 ② 어감 ③ 어순이 ④ 어법
⑤ 어조로

◆ 문법

1) 가: 근처에 편의점과 맛집도 많거니와 치안도 좋아.

2) 나: 그렇구나. 그런데 부대시설은 잘 갖추어져 있어?
가: 전망이 좋은 레스토랑도 있거니와 넓은 수영장도 있어서 숙소 안에서 시간을 보내기도 좋을 거야.

3) 나: 직원들은 친절해?
가: 응. 직원들이 외국어도 잘하거니와 일 처리도 빨라서 아주 편했어.

4) 나: 아, 그리고 지난번에 여행 갔을 때 묵었던 곳은 와이파이가 잘 안 돼서 좀 불편했는데 여기는 큰 호텔이니까 괜찮겠지?
가: 그럼. 와이파이 연결도 잘되거니와 조식도 무료로 제공하니까 꼭 이용해 봐.

5) 나: 나는 아침을 꼭 챙겨 먹는데 잘됐다! 그리고 지금 이용 후기를 찾아보니까 평점도 높거니와 재방문 횟수도 많네. 좋은 곳을 알려 줘서 고마워.

◆ 연습해 봅시다

1) 가: 한국어에는 어미의 종류도 많은데 앞에 오는 단어가 동사냐 형용사냐에 따라 다른 어미를 결합시켜야 하거니와 단어가 자음으로 끝나는지 모음으로 끝나는지에 따라서도 사용되는 형태가 달라져서 너무 헷갈렸어.

2) 나: 그리고 높임법도 어려워. 대화 상대에 따라 적절한 높임 표현을 선택해야 하거니와 같은 상대라도 상황에 따른 높임법을 사용해야 하는 경우가 있으니까 말이야.

## 1-2 말과 글

☆ 어휘1

① 몸짓 ② 강조 ③ 필자가 ④ 형식성을 ⑤ 문장 부호를

☆ 어휘2

① 개구리 올챙이 적 생각 못한다고
② 지렁이도 밟으면 꿈틀한다고
③ 원숭이도 나무에서 떨어진다고
④ 굼벵이도 구르는 재주가 있다며

◆ 문법

1) 나: 네. 그런데 이해하기 어려운 점은 유력한 용의자에게 사건 당일의 알리바이가 있다는 것입니다.

2) 가: 하지만 아무리 그래도 전반적으로 수사 진행이 너무 더딘 것 같은데요.
나: 현재 수사를 어렵게 하는 가장 큰 요인은 목격자가 없어서 탐문 수사가 거의 불가능하다는 겁니다.

3) 가: 그렇군요. 지금 무엇보다 우려되는 점은 당장 용의자의 신병을 확보하지 않으면 도주할 수도 있다는 겁니다.

4) 나: 그걸 모르는 것은 아닙니다만 잊지 말아야 할 사실은 뚜렷한 물증 없이 용의자를 체포하는 것이 불법이라는 거죠.

5) 가: 그럼 결론적으로 가장 시급한 과제는 체포 영장을 발부받기 위해서 결정적 증거물을 빨리 확보해야 한다는 거군요.

◆ 연습해 봅시다

1) 가: 저는 한국어를 공부한 지 꽤 오래됐는데도 전화로 한국인하고 대화를 하는 게 아직 좀 두려워요.
나: 저도 그래요. 얼굴을 보지 않고 목소리로만 의사소통을 할 때 가장 힘든 점은 화자의 음성도 또렷하게 들리지 않고 표정이나 몸짓도 볼 수 없다는 거예요. 잘 못 알아들었을 때마다 다시 말해 달라고 할 수도 없고요.
가: 그렇게 정보가 제한적인 상황에서 상대방의 말을 잘 이해하는 데 가장 중요한 점은 대화 맥락이나 화자의 언어 습관을 고려해서 의미를 파악해야 한다는 거겠죠.

2) 가: 저는 요즘 한국 대학원에 입학하려고 준비 중인데 제일 어려운 점이 공손한 표현을 적절하게 사용해서 격식성을 갖춘 자기소개서를 써야 한다는 거예요.
나: 물론 격식에 맞는 표현을 사용하는 것도 중요하지만 제 생각에 자기소개서를 쓸 때 가장 중요한 건 독자가 흥미로워할 만한 자신만의 이야기를 짜임새 있게 구성해야 한다는 거예요. 아무래도 내용이 재미있는 글이 더 기억에 남지 않겠어요?

◆ 복습

1. ① 짜임새 ② 문맥 ③ 독자 ④ 필자 ⑤ 문체를
⑥ 미묘하 ⑦ 어감 ⑧ 부사 ⑨ 형용사

2. ① 뛰어나야 하거니와 ② 대처해야 한다는 거예요

## 2-1 언론의 영향력

☆ 어휘1

① 보도 ② 제공 ③ 왜곡 ④ 편파 보도 ⑤ 기록

☆ 어휘2

① 폭력성이 ② 오락성 ③ 진정성
④ 작품성은 ⑤ 대중성

◆ 문법

1) 나: 초등학교 때 한 의류 회사의 어린이 모델로 활동한 바 있습니다. 그때 내가 입는 옷을 직접 디자인해 보고 싶다는 생각을 하게 되었습니다.

2) 가: 디자이너로서의 실무 경험이 있습니까?
나: 중소기업에서 인턴으로 일한 바가 있습니다.

3) 가: 우리 회사는 야간 근무가 많은데 상관없습니까?
나: 학교 수업 후에는 밤늦게까지 아르바이트를 한 바가 있기 때문에 야간 근무를 하는 것이 저에게는 익숙합니다.

4) 가: 외국어 실력은 어느 정도입니까?

나: 미국에서 1년 동안 어학연수를 했고 국제디자인캠프에도 참가한 바가 있습니다.

5) 가: 지금까지 가장 열정을 쏟았던 일은 무엇입니까?

나: 대학교 때 축제를 기획하고 준비한 바가 있습니다. 그때 제가 가장 열정을 쏟아서 일했던 것 같습니다.

◆ 연습해 봅시다

1) 가: 언론의 역할에 대해서 논설위원님께서 생각하시는 바를 구체적으로 말씀해 주십시오.

나: 제가 신문 사설에도 쓴 바와 같이 언론이 사회 환경을 감시하는 역할을 해야 한다고 생각합니다. 자연재해부터 국제 정세에 이르기까지 사회에서 어떤 일들이 일어나고 있는지를 추적하고 그것에 대한 정보를 대중들에게 제공하는 것도 언론의 역할 중의 하나라고 생각합니다.

2) 가: 언론의 역할에 대해서 김 기자님께서 생각하시는 바를 구체적으로 말씀해 주십시오.

나: 뉴스에서 보도된 바와 같이 해외 유력 언론사 사장이 불법 정치 개입과 여론 조작 혐의로 구속됐습니다. 언론은 정치에 개입하거나 여론을 조작해서는 안 됩니다. 언론이 여론을 형성하는 데 중요한 역할을 하기 때문에 항상 중립을 지켜야 합니다.

## 2-2 대중매체와 표현의 자유

☆ 어휘1

① 모욕죄로 ② 규제 ③ 검열 ④ 탄압 ⑤ 차단

☆ 어휘2

① 휘날리 ② 휘몰아치 ③ 휘갈겼다 ④ 휘감았다

◆ 문법

1) 나: 응, 9시쯤 눈을 떴을 때 시계를 보고 너무 놀란 나머지 침대에서 급히 내려오다가 넘어져서 발목을 삐었어.

2) 가: 그래서 다리를 다쳤구나.

나: 게다가 아침에 중요한 회의가 있는데 늦잠을 자서 너무 당황한 나머지 준비한 회의 자료를 빠뜨리고 회사에 갔지 뭐야.

3) 가: 그럼 상사한테 혼났겠구나.

나: 응, 입사 5년차가 되어도 이런 실수를 하는 나에게 너무 실망한 나머지 화장실에 가서 '엉엉' 울었어.

4) 가: 이래저래 스트레스를 많이 받았겠네.

나: 맞아, 아침부터 너무 스트레스를 받은 나머지 하루 종일 아무 것도 먹을 수가 없었어.

5) 가: 그럼 많이 힘들었을 텐데….

나: 힘들었지만 쉴 수가 없었어. 내가 한 실수를 만회하고자 밤을 새우며 무리한 나머지 쓰러져서 결국 병원에 입원하게 됐던 거야.

◆ 연습해 봅시다

1) 가: 요즘 가짜 뉴스가 논란이 되고 있는데 어떻게 생각하세요?

나: 저는 가짜 뉴스를 유포한 사람이나 언론사에 대한 처벌을 강화해야 된다고 생각합니다. 얼마 전에 한 정치인이 가짜 뉴스 때문에 낙선한 후에 화가 난 나머지 가짜 뉴스를 배포한 언론사를 허위사실유포죄로 고발한 일이 있었잖아요. 다시는 그런 일이 재발하지 않도록 가짜 뉴스를 배포한 언론사를 반드시 처벌해야 한다고 생각합니다.

2) 가: 요즘 대중 매체 사전 검열이 논란이 되고 있는데 어떻게 생각하세요?

나: 저는 대중 매체를 사전에 검열해서는 안 된다고 생각합니다. 어떤 나라에서는 정부에 대한 비난 여론이 확산되자 대통령이 불안한 나머지 모든 방송국을 장악하고 방송 내용을 사전에 검열하게 했다고 합니다. 이것은 분명히 언론 탄압이고 표현의 자유를 침해하는 것이라고 생각합니다.

◆ 복습

1. ① 야당은 ② 개입 ③ 자본주의 ④ 공방을
⑤ 중립성을 ⑥ 논평 ⑦ 자칫

2. ① 알려진 바와 ② 시달린 나머지

## 3-1 법과 질서

☆ 어휘1

① 토대를 ② 정착되 ③ 부여받 ④ 의무를 ⑤ 준수해야

☆ 어휘2

① 자유권 ② 국방의 의무 ③ 청구권 ④ 참정권
⑤ 납세의 의무

◆ 문법

1) 가: 연봉은 많이 올랐어?

나: 연봉이 오르기는커녕 입사 때보다도 적어. 최근에 회사 매출이 안 좋아서 말이야.

2) 가: 그래도 너는 재테크를 잘하니까 괜찮지 않아?

나: 재테크를 잘하기는커녕 하루하루 먹고 살기도 힘들어. 여유가 있어야 재테크도 하는 거야.

3) 가: 야근이 많은 회사니까 야근 수당을 꽤 모았겠다.

나: 야근 수당을 모으기는커녕 요즘 회사의 자금난 때문에 제 날짜에 월급 받는 것도 힘들어.

4) 가: 얼마 전에 새로운 시스템을 도입한다고 하지 않았어? 업무는 많이 편해졌겠네.

나: 그렇지도 않아. 업무가 편해지기는커녕 사용법을 배우느라고 정신만 없어.

5) 가: 그래도 업무 속도는 빨라졌겠네.

나: 업무 속도가 빨라지기는커녕 시간이 더 걸려. 새 프로그램이 손에 익지 않아서 말이야.

◆ 연습해 봅시다

1) 가: 법을 지키기는 커녕 불법 행위를 아무 거리낌 없이 하는 사람들은 신고를 해야 한다고 봐요.

나: 단속의 손길이 미치지 못하는 불법 행위를 찾아내려면 시민들의 신고가 필수적이지요.

가: 불법 행위를 하고 있는 사람들 중에는 자신이 하고 있는 행동이 불법인지도 모르는 사람들도 있는 것 같아요.

2) 가: 저는 신고포상제로 인해서 우리가 예상하지 못한 피해자가 생길 수도 있다고 생각해요.

나: 맞아요. 예를 들어서 어떤 사람이 취미 생활로 사진을 찍고 있었는데 주류를 불법 유통하던 술집 주인에게 카메라를 빼앗기는 상황이 생길 수 있어요.

가: 자신의 불법 행위를 부끄러워하기는커녕 취미 생활로 풍경 사진을 찍는 사람을 불편하게 만들 수 있군요.

## 3-2 시민의 역할

☆ 어휘

① 사회봉사 정신 ② 대화·타협 의식 ③ 권리 의식
④ 근검절약 정신 ⑤ 장애인 보호 의식

☆ 어휘2

① 손을 빌리러 ② 손을 쓰셨군요 ③ 손이 갈 ④ 손을 보

◆ 문법

1) 가: 유키 씨 팀의 토론회 주제가 뭐예요?
나: 어떤 주제들이 있는지조차 몰라요.

2) 가: 토론회 주제를 모른다고요?
나: 벌써 주제가 정해졌을 거라고는 생각조차 못했어요.

3) 가: 지난주에 팀별로 준비 모임을 했잖아요. 거기에서 사회자와 팀장도 정하고 소주제도 정했어요.
나: 그래요? 지난주에 준비 모임을 했다는 것조차 몰랐어요.

4) 가: 토론회 일정표를 보니까 유키 씨는 '존엄사' 반대 팀이네요.
나: 존엄사요? 생각조차 해 본 적이 없는 주제네요.

5) 가: 팀장에게 물어보는 것이 좋겠어요. 미셸 씨가 반대 팀 팀장이에요.
나: 미셸 씨요? 들어 본 적조차 없는 이름이에요.

◆ 연습해 봅시다

1) 가: 요즘처럼 모든 것이 넘쳐나는 세상에서는 근검절약 정신을 찾기가 어려운 것 같아요.

나: 급격한 산업화와 경제 성장 과정에서 돈에 대한 가치관을 바로잡지 못해서 그럴 거예요. 제 주위에는 자신이 낭비를 하고 있는지조차 모르고 소비를 하는 사람들도 있어요.

가: 이런 사람들을 위해서 합리적이고 경제적인 삶의 방식에 대해서 집중적인 교육과 홍보가 필요하다고 봐요. 이를 통해서 소비와 지출을 조절하고 계획성 있는 생활을 할 수 있을 거예요.

2) 가: 시민이 자신의 권리를 지키기 위해서는 시민 개개인이 자신의 권리를 적극적으로 주장하고 행동해야 한다고 봐요.

나: 맞아요. 시민 스스로의 의식 개혁이 없으면 자신의 권리를 보호할 수 없지요.

가: 권리를 침해받고도 항의조차 하지 않고 참는다면 같은 피해를 또 당할 수 있어요. 직접 해결하기 어렵다면 신고를 하거나 고발을 해서 바로잡는 것이 옳다고 생각해요.

◆ 복습

1. ① 탈세 ② 연이어 ③ 협의를
④ 납세가 ⑤ 축적하는 ⑥ 진입
⑦ 준법정신을 ⑧ 시민 의식을 ⑨ 정착될

2. ① 모으기는커녕 ② 일기조차

## 4-1 한국인의 군 복무제도

☆ 어휘1

① 징병제를 ② 군 복무를 ③ 대체 복무 ④ 병역 거부를
⑤ 복무 기간은

☆ 어휘2

① 벌이 ② 난장판이에요 ③ 입씨름을 ④ 말다툼이

◆ 문법

1) 가: 회사에서 중대 발표를 하려는지 모두 대회의실로 모이라고 했어요.

나: 점심시간이라서 사람들이 많이 갈지 모르겠네요.

2) 가: 새로운 부서가 만들어지려는지 복도 끝에 있는 빈 공간을 사무실로 꾸미고 있어요.

나: 사무실이 복도 끝에 있어서 일이 효율적으로 될지 모르겠네요.

3) 가: 새 직원들이 들어오려는지 부장님이 사무실의 자리 배치를 바꾸라고 하셨어요.

나: 공간이 좁아서 여러 명이 앉을 수 있을지 모르겠어요.

4) 가: 회사가 직원들의 노트북을 새것으로 바꿔 주려는지 그동안 쓰던 노트북들을 모두 문 옆에 모아 두라고 했어요.

나: 우리가 쓰고 있던 노트북이 이미 최고급 사양이어서 성능이 더 좋은 노트북이 있을지 모르겠네요.

5) 가: 전 직원 체육 대회를 하려는지 총무부에서 직원들에게 운동복 사이즈와 디자인을 고르라고 했어요.

나: 직원들 취향이 각양각색이어서 직원들의 마음에 드는 디자인이 있을지 모르겠네요.

◆ 연습해 봅시다

1) 가: 인기 아이돌 그룹 멤버가 군에 입대하려는지 당분간 완전체 활동을 중단한다고 발표했어요.

나: 활동을 중단할까 봐 팬들이 걱정을 그렇게 많이 했는데 결국 입대를 하나 보군요.

가: 예술계 특기자의 군 입대 문제는 오랫동안 갑론을박해 왔지만 언제나 결론은 같네요. 세계를 활동 무대로 해서 벌어들이는 외화가 그렇게 많아도 병역은 피해갈 수가 없나 봐요.

2) 가: 종교적 신념을 이유로 병역을 거부하는 사람들도 이제 대체 복무가 가능해지려는지 이번 재판에서 무죄 판결을 받았다고 해요.

나: 아, 병역법 위반 혐의로 재판을 받았던 것이지요? 무죄 판결이라면 병역 면제가 되는 게 아니에요?

가: 그건 아니고요. 대체 복무가 가능해졌다는 말이지요. 이제 양심적 병역 거부자들도 국민의 의무를 이행할 수 있게 될 것 같네요.

## 4-2 복지와 개인의 삶

**☆ 어휘1**

① 실업　② 대처　③ 건강 보험　④ 빈곤층을
⑤ 직업 훈련과

**☆ 어휘2**

① 눈물겨웠다　② 흥겨운　③ 감격에 겨워
④ 정겹

**◆ 문법**

1) 콘서트와 영화, 드라마에 미쳐서 젊은 날을 보낸 사람이지 밤늦게까지 학원에 다니면서 좋은 성적을 받은 사람이 아니야.

2) 상대의 입장을 이해하고 배려할 줄 아는 사람이지 상대의 잘잘못을 따지고 비판하는 사람이 아니야.

3) 혁신적인 사고방식으로 변화를 선도하는 사람이지 현재에 만족하고 늘 제자리에 있는 사람이 아니야.

4) 팀원들과 협력하고 융화될 수 있는 사람이지 업무 능력만 뛰어난 사람이 아니야.

5) 자신의 업무를 조직 전체의 목적과 관련지어 생각할 수 있는 사람이지 자신의 업무에만 관심을 가지는 사람이 아니야.

**◆ 연습해 봅시다**

1) 가: 서울시가 저소득층 노인들이 입주할 수 있는 '공공 실버 주택'을 건립한다고 하더라고요.

나: 이번에 건립되는 공공 실버 주택에는 응급 상황을 위한 비상 벨, 화장실 안전 바, 현관 휠체어 보관 장소 등을 갖추고 있다면서요?

가: 네, 보통 저소득층 노인 주택이라고 하면 기본 생활이 가능하도록 필수 공간을 갖추는 것만 신경을 쓰지 공간별 편의 시설에 대해서는 관심을 가지지 않았는데 이번에는 제대로 하는 것 같네요.

2) 가: 서울시가 학부모의 필요에 따라 방과 후 아이들을 돌봐주는 '다함께 돌봄 센터'을 운영한다고 해요.

나: 방과후 돌봄 센터는 그동안에도 운영하지 않았어요? 뭔가 조건이나 혜택이 달라진 건가요?

가: 아, 이번에는 다문화 가정의 아동과 학부모를 대상으로 하는 거래요. 그동안 한국인 부모를 위한 돌봄 센터만 있었지 다문화 가정을 위한 돌봄 센터는 없었거든요. 학부모가 원한다면 방과 후부터 저녁 7시까지 아이들을 돌봐 주거나 부모님이 갑자기 일이 있을 때 잠시 아이들을 맡길 수도 있대요.

**◆ 복습**

1. ① 안보와　② 징병제　③ 모병제를
④ 대체 복무제를　⑤ 병역　⑥ 공론화가
⑦ 복지 제도가　⑧ 빈곤층　⑨ 사회 보험

2. ① 여행을 가려는지　② 좋아하지

## 5-1 성공의 의미

**☆ 어휘1**

① 명예를 좇다　② 행복한 가정을 꾸리다
③ 전성기를 맞다/도약을 하다　④ 부를 축적하다
⑤ 위기를 맞다/시련을 맞다

**☆ 어휘2**

| | |
|---|---|
| 보기 '일곱 번 넘어져도 여덟 번 일어난다'는 뜻으로 실패를 거듭해도 굴하지 않고 다시 일어남. | 칠전팔기 |
| 1) 어려운 일이 생겨도 참고 견디면 결국에는 좋은 일이 생김. | 고진감래 |
| 2) 크고 좋은 그릇을 만드는 데 시간이 오래 걸리는 것처럼 큰 사람이 되기 위해서는 많은 노력과 시간이 필요함. | 대기만성 |
| 3) 가난 속에서 반딧불이와 눈의 도움으로 글을 읽어가며 노력함. | 형설지공 |
| 4) 낮에는 농사일을 하고 밤에는 글을 읽는다는 뜻으로 바쁜 틈을 내어 어려운 여건 속에서도 학업을 게을리하지 않음. | 주경야독 |
| 5) 지금 닥친 불행이 언젠가는 복이 될 수도 있음. 상황은 언제든지 바뀔 수 있음. | 전화위복 |

**◆ 문법**

1) 가: 사랑은 팍팍한 세상을 따뜻하게 만들어 주는 것 같아요.

나: 사랑이란 뭐라고 생각해요?

가: 사랑이란 외로움과 상처를 극복하게 해 주고 상대방을 위해 노력하게 만드는 힘이라고 생각해요. 선영 씨는 사랑이란 뭐라고 생각해요?

나: 사랑이란 ...

2) 가: 모든 사람들은 성공하기를 바라요. 하지만 성공에 대한 기준은 사람마다 제각각 다른 것 같아요.

나: 성공한 삶이란 뭐라고 생각해요?

가: 성공한 삶이란 지금 상황에 만족하며 마음이 편안한 삶이라고 생각해요. 선영 씨는 성공한 삶이란 뭐라고 생각해요?

나: 성공한 삶이란 ...

3) 가: 결혼 생활이 행복하면 모든 일들이 다 잘 풀리는 것 같아요.

나: 행복한 결혼 생활이란 뭐라고 생각해요?

가: 행복한 결혼 생활이란 소소한 일을 함께하고 서로에게 버팀목이 될 수 있는 생활이라고 생각해요. 선영 씨는 행복한 결혼 생활이란 뭐라고 생각해요?

나: 행복한 결혼 생활이란 ...

4) 가: 돈은 살아가는 데 없어서는 안 되는 것이죠.

나: 돈이란 뭐라고 생각해요?

가: 돈이란 많으면 많을수록 인생을 풍요롭게 만들어 주는 것이라고 생각해요. 선영 씨는 돈이란 뭐라고 생각해요?

나: 돈이란 ...

5) 가: 누구나 한 번쯤은 세상에 이름을 널리 알리고 싶어 하죠.

나: 명예란 뭐라고 생각해요?

가: 명예란 세상 사람들로부터 인정을 받고 자신의 이름을

널리 알리는 것이라고 생각해요. 선영 씨는 명예란 뭐라고 생각해요?

나: 명예란 ...

◆ 연습해 봅시다

1) 나: 저는 출세란 자신이 원하는 일을 하면서 돈도 벌고 사회적으로도 인정을 받는 것이라고 생각해요. 지금은 비록 대학생이지만 대기만성이라는 말처럼 저도 열심히 공부해서 훌륭한 사람이 되고 싶어요.

2) 나: 저는 사회에 기여하는 삶이란 사회에서 보호를 받지 못하는 어려운 사람들을 도우며 살아가는 것이라고 생각해요. 나로 인해서 많은 사람들이 행복해질 수 있다면 그게 바로 행복인 것 같아요.

## 5-2 진로와 꿈

☆ 어휘1

① 전공을 살려서　② 어학 점수를 높이려고
③ 학점을 관리하　④ 인턴십을 하면서
⑤ 인터넷 강의를 들으면서

☆ 어휘2

① 열망　② 열기로　③ 열정　④열성을

◆ 문법

1) 가: 외국어 하나쯤은 능숙하게 구사하고 싶어. 그래서 올해에는 꼭 어학연수를 갈 거야.

나: 어학연수를 가면 좋은 경험도 쌓을 수 있고 외국어 실력도 향상시킬 수 있지만 힘든 점도 많을 거야.

가: 맞아. 하지만 올해 목표를 어학연수로 정한 만큼 1년 동안 가족과 친구들과 떨어져서 타지에서 외롭게 지내야 하는 한이 있더라도 꼭 어학연수를 갈 거야.

나: 꼭 가기를 바랄게.

2) 가: 예전부터 유럽에 가 보고 싶었어. 그래서 올해는 유럽 여행을 가려고 해.

나: 취직하고 나서는 자유롭게 긴 기간 동안 여행을 가기 힘드니까 지금 가는 게 좋기는 한데 돈이 많이 들어.

가: 응. 하지만 아르바이트 3개와 학업을 병행해야 하는 한이 있더라도 유럽 여행을 가고 말거야.

나: 그렇다면 계획을 세워서 잘 다녀와.

3) 가: 성인이 된 만큼 부모님으로부터 경제적으로 독립해야 한다고 생각해.

나: 그렇기는 하지만 생각만큼 쉬운 일이 아니야.

가: 나도 잘 알아. 하지만 집에서 학교까지 걸어서 다녀야 하는 한이 있더라도 올해는 부모님으로부터 경제적으로 독립하겠어.

나: 아르바이트를 구하고 싶으면 우리들에게 언제든지 물어봐.

4) 가: 그동안은 인터넷으로만 방탄소년단을 봤는데 올해는 콘서트에 가서 노래를 직접 들어 보고 싶어.

나: 표를 구하는 게 정말 쉽지 않을 텐데.

가: 맞아. 하지만 티켓을 구하기 위해 며칠씩 줄을 서야 하는 한이 있더라도 콘서트에 가고 말거야.

나: 꼭 성공하기를 바랄게.

5) 가: 올해 목표는 장학금을 받는 거야. 학점도 높이고 돈도 벌 수 있는 좋은 방법이야.

나: 장학금을 목표로 공부하는 학생들이 많아서 힘들지 않을까?

가: 나도 그렇게 생각해. 하지만 매일 밤을 새워서 공부해야 하는 한이 있더라도 장학금을 받을 수 있도록 노력 할거야.

나: 힘내.

◆ 연습해 봅시다

1) 가: 한국 최초로 영국 프리미어리그에 진출한 축구 선수에 대해서 아세요?

나: 아니요. 어떤 사람이에요?

가: 그 사람은 어렸을 때부터 축구에 재능을 보였고 꾸준히 실력을 쌓아 온 노력파래요. 발에 감각이 없어지고 밤새 통증에 시달리는 한이 있더라도 하루에 공차기 연습을 500 번씩 하겠다는 각오로 연습에 매진했대요.

나: 정말 대단한 사람이군요.

2) 가: 긴 무명 시절을 견디고 10년 넘게 한국 최고의 코미디언 자리를 지키고 있는 사람에 대해서 아세요?

나: 아니요. 어떤 사람이에요?

가: 어렸을 때부터 코미디언이 되기를 열망했대요. 그래서 평생 무명으로 사는 한이 있더라도 성공하기 전까지는 이 업계를 떠나지 않겠다는 다짐으로 일했대요.

나: 코미디에 대한 열정이 대단한 사람이군요.

◆ 복습

1. ① 열기로　② 열중　③ 실무를　④ 인턴십
⑤ 공모전　⑥ 축적　⑦ 출세　⑧ 추구했던
⑨ 마음가짐　⑩ 열정을

2. ① 희생이란　② 포기하는 한이 있더라도

## 6-1 기업 활동

☆ 어휘1

① 제품 기획　② 홍보　③ 시제품 평가를
④ 유통망 구축을

☆ 어휘2

① 자동화가　② 다원화　③ 세분화
④ 이질화　⑤ 고착화

◆ 문법

1) 나: 감독의 인터뷰 내용에 비추어 볼 때 초반부터 강한 공격을 펼칠 것으로 보입니다.

2) 가: 선수들의 경기력은 어떨까요?

나: 오늘 출전하는 선수들의 최근 성적에 비추어 볼 때 최상의 경기를 보여 줄 것으로 기대합니다.

3) 가: 상대 팀에서도 막강한 선수들이 나올 텐데요.

나: 하지만 상대 팀의 선수 구성에 비추어 볼 때 몸싸움에서는 우리가 유리할 것으로 판단됩니다.

4) 가: 그렇군요. 그런데 경기가 열리는 지역의 계절이 한국과 반대여서 선수들의 몸 상태가 염려됩니다.

나: 네. 아무래도 현지의 지리와 기후 조건에 비추어 볼 때 선수들의 체력적 부담이 클 것 같습니다.

5) 가: 오늘 경기에 나오는 심판들에 대해서는 잘 알고 계신가요?

나: 주심을 맡은 심판의 성향에 비추어 볼 때 상대 팀에게 유리하게 편파 판정을 할 가능성이 있어서 조금 우려됩니다.

◆ 연습해 봅시다

1) 가: 현지 유통망을 효율적으로 구축하는 것도 중요한 과제입니다.

나: 그렇습니다. 유가와 인건비 상승으로 인해 유통 과정에서 발생하는 비용이 증가하고 있는 현실에 비추어 볼 때 단계를 최소화한 판매 방식을 택하는 게 좋을 것 같습니다.

가: 본사에서 온라인 매장을 운영해서 직접 판매 비율을 늘리면 유통 과정을 단순화할 수 있고 제품 관리도 쉬워질 겁니다.

2) 가: 그리고 요즘은 제품 개발과 생산 단계에서부터 전략적인 현지화가 이루어져야 시장에서 살아남을 수 있습니다.

나: 네. 특히 전 세계적으로 보호 무역이 확산되고 있고 국가 간 외교적 갈등에 따른 위험 요소가 항상 존재하고 있는 현재 상황에 비추어 볼 때 더더욱 그렇지요.

가: 따라서 현지 회사와의 합작을 통해 제품을 개발함으로써 소비자들이 우리 제품에 대해서 느낄 수 있는 심리적 거리감을 좁혀야 할 필요가 있습니다.

나: 이와 더불어 생산 공정도 현지화하면 생산 비용도 절약할 수 있을 겁니다.

## 6-2 기업의 사회 공헌

☆ 어휘1

① 정보화 교육을 ② 독거노인 ③ 결식아동을
④ 선진 기술 전수 ⑤ 청소년 진로 상담

☆ 어휘2

① 구제 ② 구조 ③ 구호 ④ 구원 ⑤ 구명

◆ 문법

1) 나: 앞으로 예산을 확보해서 저소득층과 실업자들을 대상으로 지원금의 수혜 범위를 차차 넓혀 나갈 것입니다.

2) 가: 그렇지만 실업률은 갈수록 높아지고 있는데 이런 상황은 어떻게 극복하실 겁니까?

나: 먼저 공공 기관을 중심으로 고용을 늘려 일자리를 만들어 나갈 계획입니다. 그리고 기업들도 채용을 확대할 수 있도록 적극적으로 지원하겠습니다.

3) 가: 부동산 문제도 심각합니다. 그동안 시에서 여러 대책을 내놓았지만 주택 가격이 계속해서 상승하고 있습니다.

나: 부동산 가격을 잡기 위해서는 무엇보다도 투기성 거래를 막아야 합니다. 이를 위해서 현재 시행되고 있는 각종 규제들을 더욱 강화해 나가도록 하겠습니다.

4) 가: 교육 분야에서는 학부모들의 사교육비 부담이 여전히 큰데 이에 대해서는 어떤 계획을 가지고 계신지요.

나: 시에서 주도하여 교육용 동영상 강의를 제작, 무료 배포하고 공부방 지원도 늘려 나가려고 합니다.

5) 가: 마지막으로 교통 문제입니다. 오래 전부터 운행해 온 버스와 지하철 차량이 노후되어 사고의 위험이 높다는 지적이 있습니다.

나: 그렇지 않아도 그 문제와 관련하여 시내버스 운수 업체 및 교통공사와 논의 중에 있습니다. 서로 협력하여 노후 차량을 단계별로 교체해 나가도록 하겠습니다.

◆ 연습해 봅시다

1) 가: 국내 문제도 문제지만 시야를 넓혀서 국제 사회에도 관심을 가질 필요가 있어요.

나: 맞아요. 지구 반대편에 전쟁과 재난으로 고통받고 있는 난민들이 있는데 이들을 위해서 생존에 필요한 물자를 지원하고 구호 활동을 벌이는 일에도 힘써야 해요.

가: 그리고 단순히 생활용품을 지원하는 데에서 그칠 게 아니라 선진 기술을 전수해서 생활 환경을 근본적으로 개선해 나가는 데 도움을 줘야 한다고 생각해요.

2) 가: 최근에 환경에 대한 사람들의 관심이 높아지고 있는데 기업 차원에서도 이런 움직임에 적극적으로 동참해야 해요.

나: 다큐멘터리를 보면 지구 온난화와 환경 오염으로 멸종 위기에 처한 동물들이 많은데 여기에는 기업들도 일부 책임이 있다고 봐요. 그렇기 때문에 기업이 동물들을 구조하고 보호하는 데 앞장서야 할 의무가 있어요.

가: 더 나아가서는 제품의 생산, 유통, 판매 과정에서 환경 오염을 최소화할 수 있는 방안을 적극적으로 실천해 나가는 게 동물과 인간 모두를 살릴 수 있는 길이겠죠.

◆ 복습

1. ① 취지 ② 공정 무역 ③ 취약 계층
④ 합작 ⑤ 출시 ⑥ 차별화
⑦ 한정판으로

2. ① 현재의 추세에 비추어 볼 때 ② 진행해 나가

## 7-1 투자와 창업

☆ 어휘1

① 통찰력 ② 획기적 ③ 시장성과 ④ 전략을 ⑤ 자금

☆ 어휘2

① 문턱에서 주저앉 ② 길이 열린
③ 문턱을 넘지 못할 ④ 문턱이 닳도록 드나들면서
⑤ 갈 길이 멀

◆ 문법

1) 타인의 생명권을 존중하는 경우에만 자신의 생명권도 존중받을 수 있다는 점에서 흉악범들의 생명과 인권까지 보호할 필요는 없다고 생각합니다.

2) 범죄자는 자신이 처벌받을 것을 예상하고 범죄를 저지르는 것이 아니라는 점에서 죽음에 대한 위협이 범죄자들의 행동에 영향을 미치지 않을 거라고 생각합니다.

3) 오판에 의해서 억울하게 죽는 경우가 있었다는 점에서 사형 제도

폐지를 찬성합니다. 명확한 증거에 의해서 판결을 내리는 것도 매우 중요하다고 봅니다.

4) 오판의 책임은 사형 제도가 아니라 재판 과정에 있다는 점에서 오판은 극히 예외적인 경우이므로 개선할 수 있는 보완책을 마련하면 문제가 안 된다고 생각합니다.

5) 무기수를 관리하는 데 드는 돈이 어마어마하다는 점에서 사형제도 폐지를 반대합니다. 그 정도의 돈이라면 몸이 불편한 사람들과 서민들을 도울 수 있습니다.

◆ 연습해 봅시다

1) 가: 사업 타당성 검토가 끝나면 다음에 진행되어야 할 단계들은 어떤 것들이 있어요?

나: 사업 타당성이 확인되었으면 시장 조사와 분석을 하고 다음으로 투자 자금 규모를 설정해야 해요. 자금을 얼마나 어떻게 조달할 것인지와 그 자금을 어디에 무엇을 위해서 사용할 것인지 등을 세부적으로 계획하게 된다는 점에서 중요한 단계라고 할 수 있어요.

2) 가: 창업을 준비할 때 제일 중요한 일이 사업 계획서를 작성하는 것이라고 들었어요.

나: 네, 사업 계획서는 앞서 각 단계에서 조사하고 분석한 사실들을 문서화한 것이에요. 사업 계획서 작성을 통해서 지금까지 조사하고 분석한 자료와 향후 운영 계획에서 부족한 부분이나 문제가 될 만한 부분을 확인할 수 있어서 창업 진행 시 안내자 역할을 한다는 점에서 큰 의미가 있다고 봐요.

## 7-2 국내외 경제 전망

☆ 어휘1

① 혁신을 ② 채용 ③ 창출 ④ 둔화 ⑤ 심화

☆ 어휘2

① 재시도를 ② 재수강 ③ 재교육 ④ 재취업

◆ 문법

1) 가: 하객들이 일어나서 박수를 치는 가운데 양가 부모님이 함께 입장했어요.

2) 가: 친구들이 축가를 부르는 가운데 신랑과 신부가 입장을 했어요.

3) 가: 하객들이 지켜보는 가운데 신랑 신부가 혼인 서약서를 읽었어요.

4) 가: 아름다운 현악 3중주가 연주되는 가운데 신랑과 신부와 하객들이 사진을 찍었어요.

5) 가: 막바지 장마로 비가 오락가락하는 가운데 신랑과 신부가 신혼여행을 떠났어요.

◆ 연습해 봅시다

1) 가: 오이시디(OECD)를 비롯한 경제 관련 기관에서 내년 반도체 시장의 성장이 둔화될 거라고 발표했대요.

나: 그러게요. 수출과 투자 측면에서 반도체에 크게 의존하고 있는 가운데 세계 반도체 시장의 성장이 둔화된다니 걱정이에요. 성장 둔화 분위기가 계속될 때를 대비해서 새로운 산업을 모색할 필요가 있어요.

2) 가: 오이시디(OECD)를 비롯한 경제 관련 기관에서 내년 우리 기업의 해외 투자가 증가할 거라고 보고 있대요.

나: 그러게요. 이렇게 국내의 시간당 임금이 상승하는 가운데 국내 기업 활동에 대한 규제도 심하고 기업의 법인세율도 인상되니 해외로 눈을 돌릴 수 밖에 없지요.

◆ 복습

1. ① 둔화되 ② 문턱을 넘 ③ 혁신을
④ 재도약 ⑤ 획기적인 ⑥ 사업 타당성을

2. ① 최고라는 점에서 ② 지켜보는 가운데

## 8-1 선거와 투표

☆ 어휘1

① 좌파라고 ② 진보적이라고 ③ 중도적이라고
④ 급진파 ⑤ 온건파로

☆ 어휘2

| | |
|---|---|
| 보기 주앙은 친구와 섬에 놀러 갔는데 폭풍으로 인해 배가 운항되지 못하는 바람에 예정일에 집에 돌아갈 수 없게 됐다. | 발이 묶이다 |
| 1) 내일은 유키의 회사 생활이 시작되는 날이다. | 첫발을 내딛다 |
| 2) 평소에 공부를 하지 않던 노라가 내일이 시험이라며 밥도 안 먹고 책과 씨름하고 있다. | 발등에 불이 떨어지다 |
| 3) 맛집으로 소문난 식당이었는데 위생 문제로 고발을 당한 이후에는 손님이 거의 안 간다. | 발길을 끊다 |
| 4) 흐엉에게는 여행사에서 일하는 친구, 대기업에 다니는 친구 등 다양한 일에 종사하는 친구들이 있다. | 발이 넓다 |

◆ 문법

1) 가: 나는 아이돌 가수가 되고 싶은데 춤이나 노래를 배워 본 적이 없고 재능도 없는 것 같아. 그래도 오디션을 보러 갈까 해.

나: 지금 실력으로는 오디션을 100번 봐 봤자 떨어질 거야.

2) 가: 나는 게으른 데다가 먹는 것을 좋아해서 하루에 네 끼 정도를 먹다 보니 살이 너무 많이 쪘어. 그래서 앞으로 탄수화물 섭취를 줄여 나가면서 다이어트를 하려고 해.

나: 운동과 병행하지 않으면 음식 조절을 해 봤자 소용없을거야.

3) 가: 나는 같은 반 친구인 유키가 좋아. 그래서 매일 꽃을 한 송이씩 선물해서 마음을 전할까 생각 중이야.

나: 유키가 눈이 높아서 매일 꽃을 선물해 봤자 마음을 받아 주지 않을 거야.

4) 가: 우리 집 앞에 쓰레기를 무단으로 투기하는 사람이 있어. 그래서 폐쇄 회로 TV(CCTV)를 확인해서 범인을 잡으려고 생각 중이야.

나: 화면이 선명하지 않아서 폐쇄 회로 TV(CCTV)를 확인해 봤자 범인을 잡기 힘들 거야.

5) 가: 옆 건물의 공사 소음이 심해서 일상생활에 지장을 받고 있어. 그래서 구청에 민원을 제기할지 말지 고민 중이야.

나: 공사를 중단하는 것 말고는 소음을 줄이는 방법이 없어서 민원을 제기해 봤자 소용이 없을 거야.

◆ 연습해 봅시다

1) 가: 투표를 한다면 누구를 선택할 거예요?

나: 저는 기호 2번 이수혁 후보가 대통령이 되었으면 좋겠어요. 진보적인 만큼 국민들의 복지를 위해서 힘쓸 테고 부동산 안정화와 비정규직 노동법 개정이 실현된다면 민생이 좀 더 안정될 것 같아요.

가: 공약이 아무리 좋아 봤자 지금 지지율로는 대통령에 당선되기 힘들지 않을까요?

나: 비록 지금은 지지율이 낮지만 아직 대선까지 한참 남았으니 좀 더 지켜봐야지요.

2) 가: 투표를 한다면 누구를 선택할 거예요?

나: 저는 기호 1번 박미선 후보가 대통령이 되는 것도 괜찮을 듯싶어요. 중도 좌파 성향이라서 민생 안정에 대한 정책을 급진적이지 않게 펼 거라고 봐요.

가: 하지만 박미선 후보가 내세운 공약들은 대통령으로 당선돼 봤자 실현되기 어려워요.

나: 그럴 수도 있죠. 하지만 박미선 후보는 유세 현장에서 공약을 반드시 실행하겠다고 국민들에게 약속했으니 당선되면 열심히 할 거라고 봐요.

## 8-2 한국의 정치 제도

☆ 어휘1

① 장관 ② 행정부 ③ 도지사는
④ 국무총리는 ⑤ 대통령이

☆ 어휘2

① 위임을 ② 취임 ③ 사임을 ④ 연임이

◆ 문법

1) 가: 선배님 영업 실적이 좋으면 회사에서 인정을 받을 수 있을 텐데 어떻게 하면 좋은 영업 실적을 낼 수 있을까요?

나: 네가 얼마나 고객들을 잘 관리하고 고객들에게 신뢰감을 주느냐에 달려 있어.

2) 가: 선배님 저는 실무를 빨리 익히고 싶은데 어떻게 하면 일을 빨리 배울 수 있을까요?

나: 모르는 것은 선배들에게 물어보고 스스로 얼마나 노력하느냐에 달려 있어.

3) 가: 선배님 저는 해외 지사에서 파견 근무를 하고 싶은데요. 어떻게 하면 해외 지사에 파견될 수 있을까요?

나: 외국어 실력과 현지 적응 능력에 달려 있어.

4) 가: 선배님 저도 사내 축구팀에 들어가고 싶은데요. 어떻게 하면 들어갈 수 있을까요?

나: 부서별 체육 대회 때 네가 얼마나 실력을 발휘하느냐에 달려 있다고 할 수 있지.

5) 가: 저도 신사업 개발에 참여하고 싶어요. 어떻게 하면 참여할 수 있을까요?

나: 관련 분야 업무 경험 유무에 달려 있어.

◆ 연습해 봅시다

1) 가: 집값이 해마다 계속 오르고 있어서 사람들이 직장 생활을 오랫동안 해도 내 집 장만이 어려운 것 같아요. 이런 상황이 지속되면 사람들이 노후 대비를 제대로 하지 못할 것 같아요.

나: 부동산 안정화를 위해서는 저금리의 대출 정책이 마련되어야 해요. 현 정부가 임기 안에 해결해야 할 아주 중요한 문제예요. 정부가 얼마나 실현 가능성이 높은 정책을 내놓느냐에 달려 있어요.

2) 가: 최근 심화되는 빈부격차 현상으로 인해서 경제적으로 어려움을 겪고 있는 사람들이 늘어나고 있고 사회가 돈으로 계층화가 되지는 않을까 불안해하는 사람들도 많아요.

나: 부의 재분배를 위해서는 소득 수준에 따라서 세금을 차등 있게 부과해야 해요. 이번에 새로 취임한 대통령 및 장관들이 얼마나 열심히 일하느냐에 달려 있어요.

◆ 복습

1. 1) 시장은 2) 취임 3) 유세 4) 임기
5) 대통령을 6) 선출 7) 지지하는지
8) 정당을 9) 성향

2. 1) 바뀌어 봤자 2) 손에 달려 있네요

## 9-1 대학 교육

☆ 어휘1

① 연구 ② 탐구 ③ 등용문 ④ 양성 ⑤ 배양

☆ 어휘2

① 끔찍이 ② 기꺼이 ③ 더욱이 ④ 기어이 ⑤ 어렴풋이

◆ 문법

1) 나: 건물을 구입하기에 앞서서 현재 그 건물을 누가 사용하고 있는지를 알아봐야 합니다.

2) 가: 대리인과 계약할 때 주의 사항이 있으면 알려 주세요.

나: 대리인과 계약하기에 앞서서 대리인의 신분증과 매도인의 위임장을 요구해서 복사해 두는 것이 좋습니다.

3) 가: 은행에서 대출을 받을 때 주의 사항이 있으면 알려 주세요.

나: 은행에서 대출을 받기에 앞서서 계약할 집의 실거래가를

확인해야 합니다.

4) 가: 계약서를 쓰기 전에 주의할 사항이 있으면 알려 주세요.
나: 계약서를 쓰기에 앞서서 집의 상태를 확인하고 하자가 있거나 보수가 필요한 부분은 사진을 찍어 두는 것이 좋습니다.

5) 가: 새집으로 이사할 때 주의 사항이 있으면 알려 주세요.
나: 새집으로 이사하기에 앞서서 집에 세탁기나 에어컨 같은 가전제품이 이미 설치되어 있다면 잘 작동되는지 확인해야 합니다.

◆ 연습해 봅시다

① 주앙: 사회생활을 먼저 시작한 선배로서 대학생들이 사회에 진출하기에 앞서서 꼭 해야 할 것이 무엇인지 조언 한 말씀 부탁드립니다.
선배: 저는 대학생들이 졸업하기에 앞서서 경제적으로 부모님으로부터 독립을 해야 한다고 생각합니다. 장학금을 받는다든가 아르바이트를 한다든가 하는 방법들이 있겠지요.

② 주앙: 사회생활을 먼저 시작한 선배로서 대학생들이 사회에 진출하기에 앞서서 꼭 해야 할 것이 무엇인지 조언 한 말씀 부탁드립니다.
선배: 저는 대학생들이 졸업하기에 앞서서 배낭여행을 한다든가 자원 봉사를 한다든가 해서 인생 경험을 넓힐 필요가 있다고 생각합니다. 취직을 한 후에는 다양한 경험을 할 수 있는 시간이 없으니까요.

## 9-2 평생 교육의 시대

☆ 어휘1

① 인문 교양 교육 ② 시청각 교육 ③ 강습회
④ 사설 학원 ⑤ 민간 단체

☆ 어휘2

① 꼬리에 꼬리를 물 ② 눈 밖에 난
③ 코가 석 자라며 ④ 코가 납작해지

◆ 문법

1) 주인: 좋기는요. 작으나마 내 집이 생겨서 이제 이사를 안 다녀도 되니까 그게 좋을 뿐입니다.

2) 손님: 아니 이게 뭐예요?
주인: 약소하나마 집들이 선물을 준비했는데 유용하게 쓰셨으면 좋겠습니다.

3) 손님: 음식을 정말 많이 준비하셨네요.
주인: 부족하나마 솜씨를 발휘해서 음식을 준비했는데 입에 맞을지 모르겠습니다.

4) 손님: 너무 오랜만에 만난 것 같아요.
주인: 가끔씩이나마 연락이라도 하고 지냅시다.

5) 손님: 맛있는 음식도 많이 먹고 정말 즐거운 시간이었습니다.
주인: 짧은 시간이나마 만나서 이렇게 회포를 푸니 너무 좋습니다.

◆ 연습해 봅시다

1) 가: 요즘 산업체에서 현장 실습을 하고 있다고 들었는데 어때요?
나: 저는 아주 만족합니다. 잘하지는 못하나마 최선을 다해서 배우고 있습니다.
가: 학교에서 공부도 잘한다고 들었는데 실무 능력까지 갖추면 여러 회사에서 데려가려고 눈독을 들이겠네요.

2) 가: 요즘 노인 복지 회관에서 한국화 강의를 하고 있다고 들었는데 어때요?
나: 짧은 시간이나마 틈나는 대로 가서 가르쳐 드리고 있는데 어르신들의 실력이 느는 걸 보면 보람을 느낍니다.
가: 최고의 화가에게 교육받은 노인들의 그림을 보면 젊은 사람들의 코가 납작해지겠네요.

◆ 복습

1. ① 학점 은행제를 ② 취득 ③ 수험생이니까
④ 내 코가 석 자라며 ⑤ 기어이 ⑥ 줄줄이
⑦ 사관학교로

2. ① 시작하기에 앞서서 ② 조금이나마

## 10-1 지명과 유래

☆ 어휘1

1) 유래는 2) 입증이 3) 어원은 4) 전설은
5) 풍수지리

☆ 어휘2

1) 연방 2) 연합 3) 연상 4) 연정을 5) 연관

◆ 문법

1) 미나: 설거지를 하지 않은 채 하루 종일 쌓아 둘 때가 많아.

2) 유리: 귀찮다면서 씻지 않은 채 자서 땀 냄새가 많이 나.

3) 미나: 거실이나 화장실의 불을 켜 놓은 채 학교에 갈 때가 많이 있어.

4) 유리: 방문을 잠그지 않은 채 학교에 간 적도 있어.

5) 미나: 가스 불에 냄비를 올려놓은 채 외출한 적도 있어.

◆ 연습해 봅시다

1) 가: 혹시 '압구정동'이라는 지명을 들어 본 적이 있어요?
나: 물론이지요. 서울에 있는 동네 이름이잖아요.
가: 그럼 그 동네 이름이 왜 '압구정'인지 그 이름의 유래를 알아요?
나: 압구정은 조선 세조 때의 공신 한명회의 호이자 그가 만든 정자의 이름이에요. 평생 동안 높은 벼슬을 하면서 엄청난 재산을 쌓고 권력을 누리며 산 한명회가 '이제 그만 권력에서 벗어나 갈매기와 벗한 채 살겠다'는 뜻으로 정자의 이름을 '압구정'이라고 지었다고 해요. '압구정'이라는 정자가 있는 동네여서 이름을 '압구정동'으로 지은 거지요.

2) 가: 혹시 '서귀포'라는 지명을 들어 본 적이 있어요?
나: 아니요, 처음 들었는데요. 폭포 이름이에요?
가: 제주도에 있는 도시 이름이에요.

나: 그런데 '서귀포'의 뜻이 뭐예요? 그 이름의 유래를 알아요?

가: 중국 제나라 출신 서복이라는 사람이 진시황의 명을 받고 불로초를 찾으러 제주도에 왔다가 정방폭포 암벽에 자신이 왔다 갔다는 내용의 글자를 새겨 놓은 채 다시 서쪽으로 돌아갔다고 해요. 서귀포(西歸浦)는 서복이 서쪽으로 돌아간 포구를 줄여서 쓰는 말이래요.

## 10-2 유교의 나라 조선

### ☆ 어휘1

① 창제하다 ② 편찬하다 ③ 실시하다 ④ 폐지하다
⑤ 즉위하다

### ☆ 어휘2

① 이재민 ② 영세민 ③ 난민 ④ 농민

### ◆ 문법

① 한국 대표팀이 5번째 결승에 진출했건만 이번에도 금메달 획득에 실패했대요.

② 서울제약이 10년 동안 막대한 금액을 투자했건만 신약 개발에 실패했대요.

③ 어떤 3선 의원이 활발한 의정 활동을 했건만 이번 총선에서는 공천도 못 받았대요.

④ 국제 영화제에서 수상했건만 흥행에는 실패했대요.

⑤ 국민 소득은 증가했건만 국민 행복 지수는 낮아졌대요.

### ◆ 연습해 봅시다

1) 가: 조선 시대를 대표할 수 있는 인물이 누구라고 생각해요?

나: 저는 이순신 장군이야말로 조선을 대표하는 분이라고 생각해요. 이순신 장군이 아니었더라면 임진왜란에서 우리 수군이 그렇게 많이 승리할 수 없었을 거예요.

가: 하지만 이순신 장군이 시련도 많이 겪으셨다면서요?

나: 맞아요. 이순신 장군은 한산도 대첩을 비롯한 여러 해전에서 승리했건만 왕의 명령에 불복했다고 파면되었고 백의종군을 하신 적도 있어요.

2) 가: 조선 시대를 대표할 수 있는 인물이 누구라고 생각해요?

나: 저는 정조야말로 조선을 대표하는 분이라고 생각해요. 규장각을 설치하고 신진 학자들을 등용했으며 유네스코 세계문화유산인 수원 화성을 축조했지요.

가: 정조가 조선 후기에 사회 전반적으로 개혁을 하려고 했지만 갑작스런 죽음으로 완성하지 못했다면서요?

나: 맞아요. 정조는 새로운 도시에서 개혁 정치의 이상을 펼치고 실현하고자 수원에 화성을 축조했건만 뜻을 펴지 못하고 화성이 완공된 이듬해에 세상을 떠나고 말았어요.

### ◆ 복습

1. ① 멸망 ② 즉위한 ③ 계승한 ④ 도읍지
⑤ 개편했다 ⑥ 사상으로 ⑦ 일컫

2. ① 보지 못한 채 ② 되찾았건만

# 연습 문제 답안

## 1-1 한국어의 특징

### 어휘

1. 1) 변천 2) 개괄적 3) 짚
   4) 상용 5) 미묘한

### -거니와

1. 1) 제품이 고가이기도 하거니와 디자인도 내 취향과 맞지 않아서 안 샀다.
   2) 우리 가족은 멀리 떨어져 살거니와 각자 바빠서 모일 기회가 거의 없다.
   3) 바람도 많이 불었거니와 건물이 나무로 만들어져서 화재의 피해가 컸다.
   4) 두 작가는 작품 활동을 한 시기도 같거니와 주제와 표현 방식도 비슷해서 혼동하는 사람들이 많다.
   5) 기름값도 많이 올랐거니와 환경 보호에 대한 사람들의 의식도 높아져서 에너지를 적게 소비하는 자동차가 인기를 끌고 있다.
2. 1) 운전도 잘 못 하거니와
   2) 어려운 한자가 섞여 있어서 읽을 수도 없거니와
   3) 술을 자주 마시는 것도 문제이거니와
   4) 주제도 참신했거니와 배우들의 연기도 훌륭해서 많은 분들께 사랑을 받을 수 있었던 것 같습니다.
   5) 관련 분야에서 일한 경험도 있거니와 학교 성적도 우수하니까 합격할 수 있을 거예요.

## 1-2 말과 글

### 어휘

1. 1) 무턱대고 2) 막막하다 3) 짜임새
   4) 구두로 5) 논문을

### -는다는/ㄴ다는/다는 것이다

1. 1) 문제는 실패한 경제 정책의 부작용이 사회적 약자들에게 직접적 영향을 미친다는 것이다.
   2) 취업을 준비하면서 배운 것은 스스로가 자신을 드러내지 않으면 아무도 먼저 나를 알아주지 않는다는 것이다.
   3) 내가 강조하고 싶은 것은 우리 모두 협력해서 현재의 위기를 극복해야 한다는 것이다.
   4) 한글의 가장 큰 장점은 글자가 간단하고 수가 적어서 배우기 쉽다는 것이다.
   5) 중요한 것은 결론이 무엇이냐가 아니라 어떻게 그러한 결론에 도달했느냐는 것이다.
2. 1) 땅값이 싸면서 충분한 노동력을 확보할 수 있는 지역을 찾기 어렵다는 겁니다.
   2) 어떤 상황에서든지 최선을 다하겠다는 것입니다.
   3) 긴장하지 말고 평소에 하던 대로만 하면 된다는 겁니다.
   4) 기능이 유사한 기존 제품보다 배터리가 2배 이상 오래 간다는 겁니다.
   5) 문제는 기술 발전의 혜택이 모두에게 공평하게 돌아가지 않는다는 것입니다.

## 2-1 언론의 영향력

### 어휘

1. 1) 선정성이 2) 폄훼하면 3) 왜곡했다는
   4) 난무하고 5) 시사하는

### -는 바

1. 1) 외국에 소개된 바가
   2) 구체적으로 결정된 바가
   3) 유학 생활을 한 바가
   4) 평소에 느끼는 바를
   5) 신문에 보도된 바와
2. 1) 아는 바가 전혀 없습니다.
   2) 앞에서 말씀드린 바와 같이
   3) 맡은 바 일에 최선을 다해 주시기를 바랍니다.
   4) 3년 전에도 최우수 교육 기관으로 선정된 바가 있어요.
   5) 젊은 시절에 UN에서 근무한 바가 있다고 합니다.

## 2-2 대중매체와 표현의 자유

### 어휘

1. 1) 자칫 2) 검열을 3) 휩싸인
   4) 임원으로 5)공방

### -은/ㄴ 나머지

1. 1) 사흘을 굶어서 너무 배가 고픈 나머지 빵을 훔쳤다고 했다.
   2) 김 과장은 거래처 사장의 무례한 행동에 화가 난 나머지 회의실에서 나가 버렸다.
   3) 입사 시험에 합격했다는 소식을 듣고 너무나 기쁜 나머지 왈칵 눈물이 났다.
   4) 아들의 사고 소식에 충격을 받은 나머지 어머니는 그 자리에서 쓰러졌다.
   5) 너무 깊이 잠이 든 나머지 옆집에 불이 난 줄도 몰랐다.
2. 1) 낭비한 나머지 지금 저 집 한 채밖에 안 남았대요.
   2) 당황한 나머지 대답을 잘 못했거든요.
   3) 과로한 나머지 출근길에 쓰러졌대요.
   4) 너무나 기쁜 나머지 저도 모르게 눈물이 흘렀어요.
   5) 사람들의 비난에 스트레스를 받은 나머지 공황 장애가 생겼대요.

## 3-1 법과 질서

### 어휘

1. 1) 환원해서 2) 납세 3) 준수하는
   4) 연이어 5) 혐의로

### 는커녕/은커녕

1. 1) 온라인 저작권 침해 건수가 줄기는커녕 해마다 증가하고 있다.
   2) 올해의 신인왕 선수를 영입했지만 우승하기는커녕 최하위를 면하기도 힘들 것 같다.
   3) 사무실을 옮긴 후에 업무 환경이 개선되기는커녕 옆 건물의 소음 때문에 더 정신이 없다.

4) 식품 업체들이 가격을 인하하기는커녕 담합해서 가격을 올려 받고 있다.
5) 사장이 사과를 했는데도 불매 운동이 진정되기는커녕 점점 더 심해지고 있어요.

2. 1) 투자가 늘어나기는커녕
2) 고마워하기는커녕
3) 가격이 많이 오르기는커녕
4) 좋은 데 다녀오기는커녕 친척들하고 손님들 대접하느라고 고생만 했어요.
5) 준비가 잘되기는커녕 알고 있던 한국어도 다 잊어버린 것 같아요. 고향에 다녀왔거든요.

## 3-2 시민의 역할

### ☆ 어휘

1. 1) 삽시간에　2) 진입　3) 에워싸여서
4) 미처　5) 대피해야

### 조차

1. 1) 몇몇 희귀병은 의사들이 원인조차 밝혀 내지 못하고 있다.
2) 인간의 기본적인 권리조차 보장받지 못하고 사는 사람들이 있다.
3) 신고 서 있기조차 힘든 높은 구두를 신고 모델들이 패션쇼를 하고 있다.
4) 추락 사고가 난 공사장을 찾아가 보니 작업장에 안전 난간조차 없었다.
5) 지역마다 빈집이 상당수 있지만 실태 조사조차 이뤄지지 않고 있다.

2. 1) 선거 방식조차
2) 걷는 것조차
3) 안전 기준조차
4) 미안하다. 요즘은 어제 일조차 기억이 안 날 때가 있어.
5) 환절기에는 계속 콧물이 나서 숨쉬기조차 힘들어.

## 4-1 한국의 군 복무 제도

### ☆ 어휘

1. 1) 잠잠했　2) 공백을　3) 정비할
4) 공론화　5) 정예화를

### -으려는지/려는지

| | | |
|---|---|---|
| 보기 | 감기가 올 것 같다 | 물건들을 정리하고 있어요. |
| 1) | 에릭 씨가 이사를 하다 | 아침부터 하늘이 잔뜩 찌푸렸어요. |
| 2) | 오늘도 눈이 내일 것 같다 | 콧물도 나고 목도 좀 아파요. |
| 3) | 시위를 할 것 같다 | 무릎이 아프다는 말을 자주 해요. |
| 4) | 아이가 키가 크다 | 감독이 선수들을 불러들이고 있어요. |
| 5) | 선수를 교체할 것 같다 | 사람들이 속속 모여들고 있어요. |

1. 1) 에릭 씨가 이사를 하려는지 물건들을 정리하고 있어요.
2) 오늘도 눈이 내리려는지 아침부터 하늘이 잔뜩 찌푸렸어요.
3) 시위를 하려는지 사람들이 속속 모여들고 있어요.
4) 아이가 키가 크려는지 무릎이 아프다는 말을 자주 해요.
5) 선수를 교체하려는지 감독이 선수들을 불러들이고 있어요.

2. 1) 키가 크려는지
2) 자동차를 사려는지
3) 이제 담배를 끊으려는지
4) 그래도 곧 봄이 오려는지 꽃망울이 맺혔던데요.
5) 여기에서 공연을 하려는지 아까 사람들이 와서 무대를 설치했어요.

## 4-2 복지와 개인의 삶

### ☆ 어휘

1. 1) 국민 청원　2) 속속　3) 토로하는　4) 겨냥한　5) 누리

### -지

1. 1) 케이팝(K-pop)은 마리아 씨가 잘 알지 저는 잘 몰라요.
2) 쓰기 공부만 열심히 했지 듣기 공부는 제대로 못했어요.
3) 에릭 씨는 아침에 커피만 마시지 다른 건 안 먹어요.
4) 아이는 관심과 사랑이 필요하지 잔소리와 충고가 필요한 게 아니에요.
5) 직원들의 복지가 우선이지 회사 이익이 조금 주는 게 뭐가 문제예요?

2. 1) 흰색 셔츠가 어울리지
2) 출퇴근용 차가 필요하지
3) 고기를 별로 안 좋아하는 것이지
4) 나는 의미가 있는 있을 하고 싶지 돈만 많이 받는 일은 하기 싫어.
5) 업무 능력이 중요하지 나이는 상관없어.

## 5-1 성공의 의미

### ☆ 어휘

1. 1) 칠전팔기　2) 재기를　3) 명성을
4) 마음가짐으로　5) 출세

### -이란/란

1. 1) 좋은 인연이란
2) 참된 스승이란
3) 가치 있는 삶이란

4) 훌륭한 사람이란
5) 진정한 성공이란

2. 1) 기업에서 필요로 하는 인재란
2) 입법부란
3) 버릇을 고치기란
4) 자아실현이란 능력과 잠재력을 발휘해서 자신의 존재의 의미를 확인하는 것이라고 생각해요.
5) 현대 사회에서의 가족이란 서로에게 안정감을 주는 다양한 형태의 공동체라고 생각합니다.

## 5-2 진로와 꿈

### ☆ 어휘

1. 1) 동향을 2) 진취적 3) 실무
4) 수행 5) 열의를

### -는 한이 있더라도

1.

| | |
|---|---|
| 보기 설령 사표를 쓰다 | 상대국이 제시한 조건은 수용할 수 없습니다. |
| 1) 회담이 결렬되다 | 계약을 꼭 성사시켜야 합니다. |
| 2) 전 재산을 날리다 | 상사의 부당한 지시를 따를 수 없습니다. |
| 3) 하늘이 두 쪽이 나다 | 콘서트 표를 꼭 구하고 말겠습니다. |
| 4) 경기장에서 뛰다가 죽다 | 경기에서 반드시 이기겠습니다. |
| 5) 밖에서 밤새도록 줄을 서다 | 10년 동안 구상해 온 사업을 꼭 시작해 보고 싶습니다. |

1) 회담이 결렬되는 한이 있더라도 상대국이 제시한 조건은 수용할 수 없습니다.
2) 전 재산을 날리는 한이 있더라도 10년 동안 구상해 온 사업을 꼭 시작해 보고 싶습니다.
3) 하늘이 두 쪽이 나는 한이 있더라도 계약을 꼭 성사시켜야 합니다.
4) 경기장에서 뛰다가 죽는 한이 있더라도 경기에서 반드시 이기겠습니다.
5) 밖에서 밤새도록 줄을 서는 한이 있더라도 콘서트 표를 꼭 구하고 말겠습니다.

2. 1) 부모님을 다시 못 보는 한이 있더라도
2) 위험을 감수하는 한이 있더라도
3) 국경을 건너다가 죽는 한이 있더라도
4) 굶어 죽는 한이 있더라도 주변 사람들에게 돈은 빌리지 않을 거예요.
5) 부모들은 집을 팔아서 길거리에 나앉는 한이 있더라도 자식들의 성공을 위해서라면 뭐든지 할 거예요.

## 6-1 기업 활동

### ☆ 어휘

1. 1) 출시 2) 선발 3) 주력
4) 기호 5) 고수

### 에 비추어 볼 때

1. 1) 회사의 현재 상황에 비추어 볼 때 사업 확장 계획은 미뤄질 것 같다.
2) 비혼이 증가하는 최근의 추세에 비추어 볼 때 국내 출산율은 더 낮아질 것으로 보인다.
3) 시대적인 흐름에 비추어 볼 때 문화 산업에서 국가 간의 경계는 더욱 빠르게 허물어질 것이다.
4) 과거 사례에 비추어 볼 때 이웃을 물어서 다치게 한 반려견의 주인은 처벌받을 가능성이 높다.
5) 현실적인 여건에 비추어 볼 때 고등학교를 졸업하자마자 부모님에게서 경제적으로 독립하는 것은 쉬운 일이 아니다.

2. 1) 일반적인 상식에 비추어 볼 때
2) 존 씨의 평소 실력에 비추어 볼 때
3) 1인 가구가 증가하는 상황에 비추어 볼 때
4) 최근의 경기 성적에 비추어 볼 때 충분히 메달을 딸 수 있을 거라고 생각합니다.
5) 그렇게 되면 참 좋겠지만 현실에 비추어 볼 때 이루어지기 어려운 바람이에요.

## 6-2 기업의 사회 공헌

### ☆ 어휘

1. 1) 위상을 2) 비롯되었다 3) 일각
4) 일환으로 5) 제고하

### -어/아/여 나가다

1. 1) 사업을 할 때에는 거래처와 신뢰를 쌓아 나가는 일이 무엇보다도 중요하다.
2) 외국어 공부도 할 겸 원어로 된 소설책을 사서 사전을 찾아 가며 한 장 한 장 읽어 나가고 있다.
3) 미래를 이끌어 나갈 청소년들이 행복하게 자랄 수 있는 세상이 되었으면 좋겠다.
4) 선진국과의 기술력 차이를 좁혀 나가려면 연구 개발에 투자를 아끼지 말아야 한다.
5) 고령화에 따라 증가하는 복지 예산을 확보하는 것이 정부가 풀어 나가야 할 숙제이다.

2. 1) 운동 시간을 조금씩 늘려 나가는 게 좋을 것 같아.
2) 제일 오래된 것들부터 서서히 교체해 나가도록 하지요.
3) 남편이 옆에서 항상 응원해 준 덕분에 어려운 시기를 잘 헤쳐 나갈 수 있었어요.
4) 초등학교 때 과학 만화를 읽으면서 과학자가 되겠다는 꿈을 키워 나가기 시작했습니다.
5) 관세 문제에 있어서 서로 한발씩 양보하며 입장 차이를 좁혀 나가야 할 것입니다.

## 7-1 투자와 창업

### ☆ 어휘

1. 1) 활성화　　2) 대폭　　3) 수월했을
   4) 취득해야　　5) 폐지된다

### -는다는/ㄴ다는/다는 점에서

1.

| | | |
|---|---|---|
| 보기 | 이 약은 부작용에 대한 보고가 한 건도 없다 | 공통점이 있다. |
| 1) | 두 사람은 개혁적인 성향을 가지고 있다 | 공로를 인정받았다. |
| 2) | 이 크림은 피부의 미백과 탄력을 동시에 잡았다 | 안전성을 인정할 수 있다. |
| 3) | 김치가 암 예방 효과가 탁월하다 | 기존의 제품과 차별된다. |
| 4) | 전임 시장은 지역 경제 활성화에 크게 이바지해 왔다 | 세계인의 주목을 받고 있다. |
| 5) | 산업은행의 대출 서비스는 매출액 기준이다 | 합리적이라는 평가를 받고 있다. |

1) 두 사람은 개혁적인 성향을 가지고 있다는 점에서 공통점이 있다.
2) 이 크림은 피부의 미백과 탄력을 동시에 잡았다는 점에서 기존의 제품과 차별된다.
3) 김치가 암 예방 효과가 탁월하다는 점에서 세계인의 주목을 받고 있다.
4) 전임 시장은 지역 경제 활성화에 크게 이바지했다는 점에서 공로를 인정받았다.
5) 산업은행의 대출 서비스는 매출액이 기준이라는 점에서 합리적이라는 평가를 받고 있다.

2. 1) 경기를 타지 않는다는 점에서
   2) 건강 불평등을 초래할 수 있다는 점에서
   3) 테이프와 비닐 끈을 사용하지 않는다는 점에서
   4) 사생활과 인권을 침해할 수 있다는 점에서 문제가 있다고 봐.
   5) 장르의 다양성을 확보했다는 점에서 인정을 받은 거죠.

## 7-2 국내외 경제 전망

### ☆ 어휘

1. 1) 여파로　　2) 둔화되었다　　3) 위축되어
   4) 침체로　　5) 접어들면

### -는/은/ㄴ 가운데

1. 1) 관중들이 환호하는 가운데 양 팀의 선수들이 입장했다.
   2) 많은 전문가들이 우리 팀의 패배를 점치는 가운데 경기가 시작되었다.
   3) 전문가들이 지켜보는 가운데 하반기에 출시될 자동차들이 공개되었다.
   4) 피해자들이 보상을 요구하는 가운데 회사 대표는 죄송하다는 말만을 되풀이했다.
   5) 유가 상승이 예상되는 가운데 반도체 관련 회사에 투자하라는 전략이 제시되었다.

2. 1) 호투가 이어지는 가운데
   2) 학생과 학부모들이 참석한 가운데
   3) 서로를 비방하고 비난하는 가운데
   4) 노조원들이 거세게 반발하는 가운데 임금 3% 인상안이 채택되었어요.
   5) 전 직원이 참석한 가운데 새해 다짐식을 했지.

## 8-1 선거와 투표

### ☆ 어휘

1. 1) 개표　　2) 공약을　　3) 지지
   4) 성향을　　5) 유세가

### -어/아/여 봤자

1. 1) 경영학을 전공해 봤자 구직자가 많아서 대기업에 입사하기가 어렵기는 마찬가지예요.
   2) 유명 배우들이 출연해 봤자 연출이 좋지 않으면 영화가 흥행하기 힘들어요.
   3) 감독을 교체해 봤자 선수들이 의지가 없으면 좋은 성적을 거둘 수 없을 거예요.
   4) 자격증을 많이 따 놓아 봤자 지원 분야와 관계가 없으면 소용없어요.
   5) 인적이 드문 곳이라서 잘 알려진 빵집이 들어서 봤자 장사가 잘되기 힘들 거예요.

2. 1) 노력해 봤자
   2) 잘해 줘 봤자 감사의 인사말조차 듣기 힘들어요.
   3) 출마해 봤자 당선되기 어려워요.
   4) 네. 요즘 미세 먼지가 너무 심해서 일반 마스크를 써 봤자 소용없대요.
   5) 워낙 소비자들의 실망이 커서 시장이 사과해 봤자 소비자들은 돌아오지 않을 거예요.

## 8-2 한국의 정치 제도

### ☆ 어휘

1. 1) 선출　　2) 출범　　3) 여당과
   4) 임기를　　5) 역대

### -에 달려 있다

1. 1) 이웃을 얼마나 배려하느냐에 달려 있다.
   2) 직원들의 역량에 달려 있다.
   3) 정부가 사교육 과열 문제를 얼마나 빨리 바로잡을 수 있느냐에 달려 있다고 할 수 있다.
   4) 사람들의 적극적인 참여에 달려 있다.
   5) 각 팀이 어떤 조건을 제시하느냐에 달려 있다.

2. 1) 감독이 얼마나 지도를 잘하느냐에 달려 있어요.
   2) 얼마나 검소한 생활을 하느냐에 달려 있어요.

3) 본인의 노력에 달려 있어요.
4) 행복한 직장 생활은 일이 얼마나 적성에 맞느냐에 달려 있어요.
5) 기업의 발전은 인재 확보에 달려 있어요.

## 9-1 대학 교육

### 어휘

1. 1) 기꺼이 2) 수험생 3) 학술
4) 수시 5) 단면을

### -기에 앞서서

1.

| | | |
|---|---|---|
| 보기 | 프로젝트를 시작하다 | 같이 일할 팀원끼리 회식을 했다. |
| 1) | 사업을 하다 | 여러분께 먼저 양해 말씀을 드리겠습니다. |
| 2) | 본격적인 탐험을 시작하다 | 실패에 대한 대비책도 마련해 두어야 한다. |
| 3) | 남을 비난하다 | 여론의 방향을 살펴볼 필요가 있다. |
| 4) | 회의를 시작하다 | 자신은 잘못이 없는지 돌아보자. |
| 5) | 정책을 결정하다 | 몇 가지 주의 사항을 알려드리겠습니다. |

1) 사업을 하기에 앞서서 실패에 대한 대비책도 마련해 두어야 한다.
2) 본격적인 탐험을 시작하기에 앞서서 몇 가지 주의 사항을 알려 드리겠습니다.
3) 남을 비난하기에 앞서서 자신은 잘못이 없는지 돌아보자.
4) 회의를 시작하기에 앞서서 여러분께 먼저 양해 말씀을 드리겠습니다.
5) 정책을 결정하기에 앞서서 여론의 향방을 살펴볼 필요가 있다.

2. 1) 부동산에 투자하기에 앞서서 앞으로 그 지역이 개발 가능성이 있는지 꼭 따져 봐야 합니다.
2) 돈을 저축하기에 앞서서 한 달에 꼭 필요한 돈이 얼마인지를 먼저 계산해 봐야겠지요.
3) 사업을 구상하기에 앞서서 철저한 시장 조사와 준비가 필요합니다.
4) 대학 생활을 시작하기에 앞서서 미리 전공 관련 공부를 해 두는 것이 좋습니다.
5) 회의를 시작하기에 앞서서 여러분께 먼저 감사의 말씀을 드립니다.

## 9-2 평생 교육의 시대

### 어휘

1. 1) 바우처 2) 한도를 3) 취득을
4) 방침 5) 날개를 달아

### -으나마/나마

1. 1) 약소하나마 성의라고 생각하시고 받아 주십시오.
2) 작으나마 내 집을 마련하게 되어서 너무 기쁩니다.
3) 서투르나마 제 솜씨를 보여드리고 싶었습니다.
4) 발 벗고 나서지는 못하나마 힘닿는 데까지 도와드리겠습니다.
5) 하루나마 좀 쉬고 나니까 피곤이 풀리는 것 같아요.

2. 1) 부족하나마
2) 서투르나마
3) 그곳에서나마
4) 저는 이렇게나마 만날 수 있어서 다행이라고 생각하는데요.
5) 제가 잘하지는 못하나마 노래 한 곡 불러 보겠습니다.

## 10-1 지명과 유래

### 어휘

1. 1) 터가 2) 연합군이 3) 얽힌
4) 전설이 5) 뒤집어쓰고

### -은/ㄴ 채

1.

| | | |
|---|---|---|
| 보기 | 동생은 피곤했는지 벽에 기대다 | 그대로 잠이 들었어요. |
| 1) | 자신의 실수를 인정하는 듯이 영수는 고개를 숙이다 | 가게 문을 열고 영업하면 안됩니다. |
| 2) | 수험생들은 주말과 휴일도 잊다 | 회의가 끝나 버렸다. |
| 3) | 내년 예산 규모에 대한 결론을 내리지 못하다 | 아무 말도 하지 않았어요. |
| 4) | 에어컨을 켜 놓다 | 막바지 시험 준비를 하고 있습니다. |
| 5) | 놀라서 신발도 신지 않다 | 밖으로 뛰어 나왔어요. |

1) 자신의 실수를 인정하는 듯이 영수는 고개를 숙인 채 아무 말도 하지 않았어요.
2) 수험생들은 주말과 휴일도 잊은 채 막바지 시험 준비를 하고 있습니다.
3) 내년 예산 규모에 대한 결론을 내리지 못한 채 회의가 끝나 버렸다.
4) 에어컨을 켜 놓은 채 가게 문을 열고 영업하면 안 됩니다.
5) 놀라서 신발도 신지 않은 채 밖으로 뛰어나왔어요.

2. 1) 이유를 밝히지 않은 채
2) 더워서 창문을 열어 둔 채 잤더니
3) 렌즈를 빼지 않은 채 잤더니 그래요.
4) 날이 추워서 전열 기구를 켜 놓은 채 외출했대요.
5) 네, 집 근처 등산로에서 숨진 채 발견됐다고 합니다.

## 10-2 유교의 나라 조선

### ☆ 어휘

1. 1) 통치하였다 2) 사상 3) 양반과
4) 임진왜란 5) 일컬을 때

### -건만

1. 1) 영업 판매팀은 언제나 열심히 일하건만 성과가 그다지 좋지 않다.
2) 한국에 온 지 10년이 다 되었건만 아직도 의사소통이 힘들 때가 있어요.
3) 박민호 씨는 능력이 있는 사람이건만 여태 능력 발휘를 못 하고 있네요.
4) 우리가 세 시간을 기다렸건만 거래처 사람은 한 명도 오지 않았어요.
5) 간곡히 부탁했건만 사장님은 끝내 제 부탁을 들어주지 않았어요.

2. 1) 과외도 하고 학원도 다니건만
2) 몇 달째 수사를 하고 있건만
3) 주택 안정화를 위해 그동안 많은 정책을 냈건만
4) 아니요, 제가 진심으로 사과했건만 친구는 받아 주지 않았어요.
5) 며칠 밤을 새우며 준비했건만 너무 긴장해서 실수를 하고 말았어요.

# 색인

## 어휘 색인

## 문법 색인